KB076372

언택트
리더십
상영관

영화로 만나는
10가지 리더십 人사이트

언택트
리더십
상영관

한명훈 지음

예미

리더십은 인문학의 꽃이다

    이탈리아 중부에 위치한 르네상스의 발상지이자 꽃의 도시로 불리는 피렌체. 11세기부터 16세기에 걸친 많은 문화유산들이 고스란히 간직되어 있는 곳. 그 중심에 두오모(산타마리아 델 피오레 성당)가 있다.

    여러분은 두오모 하면 무엇이 생각나는가? 나는 영화 〈냉정과 열정 사이〉가 가장 먼저 떠오른다. 열정적으로 사랑을 좇는 남자 주인공 '준세이'와 냉정하게 사랑에 거리를 두려는 여자 주인공 '아오이'가 꽃의 도시 피렌체에서 아름다운 러브 스토리를 들려준다. 그렇다, 피렌체는 사랑하는 연인들의 성지이다.

> 피렌체의 두오모는 연인들의 성지래.
> 영원한 사랑을 약속하는 곳.
> 약속해, 준세이.
> 언젠가 한번 올라가 주겠니?
> 언제?
> 글쎄, 한 10년 후?
> 10년 뒤라, 그럼 우린 30살이잖아.
> 21세기, 우린 변해 있겠지?
> 우린 안 변해.
> 정말?
> 우린 변함없이 함께 있을 거야.
> 그럼 약속해, 준세이.
> 내 서른 번째 생일날은
> 피렌체의 두오모에서.

〈냉정과 열정 사이〉 하면 떠오르는 다른 하나는 영화 OST이다. 나는 영화의 메인 테마곡 〈The Whole Nine Yards〉를 반복해서 100번도 넘게 듣곤 하였다. 두 주인공의 애절한 마음을 잘 표현해주는 영화 OST는 영화를 보지 않은 사람들이라도 한 번쯤은 들어보았을 것이다. 무엇이 피렌체 하면 〈냉정과 열정 사이〉와 영화 메인 테마곡을 떠올리게 만드는 것일까?

우리의 마음 깊은 곳 기억을 소환하는 중요한 도구가 이미지와 음악이다. 우리의 연애시절을 떠올려 보자. 사랑하는 사람과 특별한 기억이 있는 장소와 추억에는 당시 상황의 특별한 이미지와 음악이 있었을 것이다. 거리를 지나다 우연히 그 사람과 추억을 함께 나눈 음악이 흘러나오면 자연스럽게 그 사람과의 기억을 떠올리게 된다. 우리가 애써 기억하지 않으려 해도 특별한 상황의 이미지와 음악으로도 기억은 자동 소환된다.

'리더십' 책을 소개하는 첫 부분에 왜 러브 스토리를 이야기하고 있는지를 여러분은 궁금해할 것이다. 나는 리더가 된 당신에게 '리더십'을 〈냉정과 열정 사이〉처럼 기억과 느낌으로 남아있게 하고 싶다. 『언택트 리더십 상영관』은 시중에 있는 교과서 같은 '리더십' 내용은 담고 있지 않다. 교과서 같은 '리더십' 책을 원하신다면 이 책은 닫아주시기를 당부드린다. 나는 『언택트 리더십 상영관』에 '리더'에게 필요한 人문학을 담고 싶었다. 많은

'리더십' 책이 학문적 정보, 스킬, 트렌드를 담고 있다. 하지만, '리더십'의 본질을 고민하기보다는 어떻게 하면 더 잘 리드할 수 있을지에 대한 활용 도구들만을 중심으로 담고 있다고 생각했다.

우리가 배우는 현재 '리더십' 교육은 학문에 초점이 맞춰져 있다고 생각한다. 역사적으로 교육은 공급자 위주로 설계되었다. 교육 공급자들은 톱다운 방식으로 하나의 개론이 만들어지면 전해지는 커리큘럼에 맞춰 리더십 교육을 진행한다. 따라서 우리가 배우는 '리더십'은 큰 틀에서 그리 벗어나지 않는다. 시대가 변하면서 우리가 익혀야 할 스킬들이 추가되는 것이다.

리더가 되는 순간부터 우리는 리더십 대항해를 시작하게 된다. 세상에는 리더의 대항해를 도와줄 리더십 콘텐츠들이 바닷속 멸치 떼만큼 무수히 많다. 실질적으로 사람과 조직을 관리하는 리더십 SKILL부터 서번트 리더십, 감성적 리더십, 위기형 리더십, 형님 리더십 등 각종 리더십 종류까지 리더가 만들어야 하는 리더십 레시피는 다양하다. 우리는 왜 수많은 리더십 책을 읽고 교육을 받으면서도 더 나아지지 않는 것일까? 나는 '리더십'을 학습하고 있기 때문이라고 생각한다. 즉, '리더십'을 공부하는 것이다. 공부한 것은 시간이 지나면 자연스레 기억에서 소실된다. 나는 리더십은 人문학이라고 생각한다. 리더십은 人문학의 꽃이며, 종합예술 작품이다. 人문학 중심에는 사람이 있어야 한다.『언택트 리더십 상영관』에는 학습 중심의 '리더십' 관련 내용을 담지 않았다. 영화에 등장하는 리더와 리더십 사례를 중심으로 독자 스스로 느끼며 자신에게 맞는 '자신만의 리더십'을 담을 수 있는 씨앗을 가슴 깊은 곳에 심고 싶다.

   그렇다. 나는 여러분에게 '리더십'이라는 人문학을 선물로 드리고 싶다. '리더십 人문학'의 이해를 위해 책에서 소개하는 영화를 꼭 보기를 권장한다. 책에서 소개하는 장면에서 전하고 싶은 '리더십 메시지'를 느껴 보기를 바란다. 책과 영화를 본 후 여러분이 리더십을 발휘해야 할 상황이 오면 영화의 특정 장면이 떠오를 것이다. 마치 '두오모' 하면 〈냉정과 열정 사이〉가 떠오르는 것처럼 여러분에게 리더십을 영화처럼 가슴속 깊은 곳에 기억되는 설렘으로 담아드리고 싶다. 영화와 음악은 여러분 가슴에 새긴 '자신만의 리더십'을 자연스레 소환해 줄 것이다.

   『언택트 리더십 상영관』은 리더에게 전하는 리더십 메시지를 영화를 통해 담았다. 영화는 스토리를 통해 영감을 이입할 수 있는 꽤 멋진 도구이다. 『언택트 리더십 상영관』은 영화 속 이야기를 통해 리더십, 커뮤니케이션, 설득, 동기부여, 의사결정 등 리더십 무기를 인문학적 중심으로 장착시켜 줄 것이다.

영화는 우리의 가슴을 건드리고,
미래를 보는 눈을 뜨게 해주고
사물을 바라보는 방식을 바꿔줍니다.

— 마틴 스코세이지

CONTENTS

11 에필로그
_영화, 당신의 삶을 바꿔 놓을 이야기들

Leadership

신임 리더를 위한
리더십 일급비급서

_ 왕이 되고 싶소이다

리더가 무엇인지도 모른 채
리더가 되었다

축하를 받으며 어느 조직의 리더가 되었지만 기쁨도 잠시, '리더가 무엇인지도 모른 채 리더가 되고 말았다'는 현타가 나를 습격한다. 리더가 아니었을 때 잘 발휘하던 성과는 리더가 된 지 얼마 지나지 않아 한계와 마주한다. 리더가 아닐 때는 내 일만 잘했으면 됐다. 리더가 된 지금 팀원들은 리더 생각대로 움직이지 않는다. 잘나가던 내가 무능해진 것이다. 왜일까? 리더를 처음 시작하는 당신에게 공감이 되는 한 분의 메시지를 소개하고자 한다. 배우 윤여정 선생님이다. 윤여정 선생님은 자신의 굴곡진 삶에서 처절하게 느낀 감정을 늦은 나이에 어록으로 만드셨다. 윤여정 선생님의 절박한 마음을 '처음 시작하는 리더'에게 전하고 싶다.

내가 처음 살아보는 거잖아.
나 67살이 처음이야.

당신은 리더가 무엇인지도 모른 채 리더가 되었다.

처음 시작하는 리더를 위한 변명
"나는 무능력한 리더인가?"

리더가 아니었을 때 잘나가던 내가 리더가 된 이후 왜 무능해지는 것일까? 첫 번째 이유는 우리는 리더로 양성되지 않았다. 일반 직무역량과 리더십역량은 다르다. 리더는 사람을 이끌어 성과를 만들어 내는 사람이지 직무를 잘하는 사람이 아니다. 두 번째 이유는 로런스 피터 교수가 발표한 '피터의 원리Peter Principle'로 설명할 수 있다. 기업에서 리더를 임명할 때 현재 업무의 수행역량을 근거하여 발탁하고 있기 때문에 미래의 수행역량을 제대로 예측하지 못하는 문제점을 가지고 있다. 리더는 자신이 잘하는 일에서 경험하지 못한 새로운 일을 수행해야 한다. 조직에서 인정받아 승진하지만, 새로운 직위, 직책에 오르면 이전에는 경험하지 못한 업무를 새롭게 시작해야 한다는 것이다.

신임 리더는 자신의 성과를 올리는 직무역량을 버리고
조직을 관리하고 이끄는 리더십역량으로 전환해야 한다.

신임 리더의 고민
"나도 고민이 있다고"

　　　　　　퇴사자 방지 프로그램, 신입사원 스트레스 관리, 세대공감, 밀레니얼을 이해하자! 등 최근 기업은 온통 밀레니얼에게 관심을 투척하고 있다. 리더는 외롭다! 리더에게도 고민이 있다고!

'배울 기회조차 없이 갑자기 리더가 되었을 때'

'타인과 나의 다름을 알고 인정해야 하는 부분'

'수평적 관계와 구조상 수직적 관계의 균형'

'후배와 선배들과의 관계형성, 갈등 관리'

'밀레니얼 세대와의 공감, 소통, 코칭'

'조직원과의 유대관계'

— 출처: 한국생산성본부 리더십 교육 후기

나도 인정받는
리더이고 싶다

위에서는 실적 압박에 아랫사람들은 일일이 챙겨야 하고, 문제가 발생하면 내 탓, 내 책임, 회의하다가 하루가 다 가고, 회의 마치고 온 사무실에서는 워라밸을 소중히 여기는 직원들이 남긴 식은 온기만 남아 있고, 이제부터 정작 일할 시간이 시작된다. 그깟 '리더수당' 안 받고 말지…. 상사와 아랫사람 사이에서 낀 세대, '낀 리더'의 고충이다. 리더는 외롭고 고되다.

리더가 되었다는 것은? 조직에서 자신을 인정하고 보상하는 것이다. 그리고 리더에게는 더 다양한 일들을 할 수 있는 기회가 주어진다. 일은 잘하지만 반장도 해본 적 없는 내가 리더가 되었다! 이왕 리더가 된 거, 인정받는 리더가 되고 싶을 것이다. 하지만, 조직에서는 조직을 잘 다스리라고 임명하고는 조직을 조화롭게 운영하며 성과 내는 방법은 고작 몇 번의 교육으로 손을 턴다.

아!

누가 무엇을 어떻게 해야 하는지

알려주었으면⋯

나도! 인정받는 리더가 되고 싶다고~

영화 속 리더십 人사이트

신임 리더에게 필요한 리더십 종합세트
영화 〈광해, 왕이 된 남자〉

영화 〈광해, 왕이 된 남자〉는 신임 리더에게 필요한 리더십 종합세트와 같다. 처음 왕이 된 후 점차 스스로 왕이 되어가는 과정을 통해 신임 리더가 갖추어야 할 매우 실질적인 솔루션을 알려준다. 왕이 될 준비가 되었는가? 왕이 된 남자, 광해를 만나보자!

광해군 8년. 붕당정치와 왕위를 둘러싼 권력 다툼으로 혼란은 극에 달했다. 왕 광해는 자신의 목숨을 노리는 자들에 대한 두려움과 분노로 이성을 잃어가며 점점 폭군이 되어가고 있다. 위협과 두려움에 하루하루 지친 광해는 자신을 대신할 대역을 찾을 것을 도승지 허균에게 지시하고, 허균은 만담으로 인기를 끌던 하선을 발견한다. 궁으로 끌려간 하선은 광해의 대역을 맡게 되고, 말투부터 걸음걸이, 나라를 다스리는 법까지 위험천만한 왕 노릇을 시작한다. 왕이 아닌 티를 팍팍 내던 처음과 달리 차츰 시간이 지나자 제법 왕의 모습을 찾아가는 하선. 폭군 광해와는 달리 인간미가 따뜻한 왕의 모습에 궁궐은 조금씩 미동하고, 왕의 대역인 하선은 점점 자신의 목소리를 내기 시작한다.

리더의 모습을 갖추다
가짜 왕이 '진짜 왕'이 되어가다

많이 편찮으신 겁니까?

당분간 네가 대역을 해줘야겠다.

당분간이라 하시면…

염려할 것 없다, 그저 내가 시키는 대로만 하면 될 것이야.

　　　　　도피한 진짜 왕을 대신하여 알바로 궁을 지키는 하선에게 궁에서는 하루하루가 에피소드의 연속이다. 왕 노릇 초기에는 도승지 허균의 가르침에 따라 걸음걸이와 말투에 집중하며, 대신들과 나라의 종사를 논하는 자리에서 "경의 뜻대로 하시오", "다음, 들라 하라"만 반복한다. 그렇게 대역 알바를 하던 하선에게 중요한 변화가 찾아온다. 탐관오리들이 가득한 궁정을 바꾸려는 의지가 안개처럼 피어오르기 시작한 것이다. 대동법을 통과시키고, 실리외교를 추진하는 진짜 왕 노릇을 하는 것이다. 하선은 왕의 자리에서 왕의 연기를 하며 점점 백성의 지아비가 되어간다.

영화에서 하선이 점차 왕으로 되어가는 모습을 확인해 보자. 그의 내적, 외적 변화를 보면 하선이 광대에서 왕으로 되어가는 모습을 볼 수 있다. 어설프기만 하던 하선의 말투와 태도가 조금씩 왕과 닮아가는 모습을 관찰한 상선은 그를 진짜 왕으로 바라보는 느낌을 받으며 전과 다르게 왕처럼 그를 모신다. 또한, 역모로 잡혀온 처남의 모함을 해결하고 아끼는 궁녀 사월이에게 마지막 왕 노릇으로 전 가족을 찾을 수 있게 돕겠다고 말한다. 사대부의 명분을 늘어놓으며 명나라에 보낼 조공을 아낌없이 전하자는 대신들에게 하선은 '진짜 왕'의 면모를 보여주기 시작한다. '태도가 전부다'라는 말은 리더의 태도의 중요성을 알려준다. 리더가 되어간다는 것은 목소리, 말투, 걸음걸이, 표정, 자세, 옷차림 등 외적 변화를 통해 스스로에게 자신감을 부여한다. 스스로 변화하려는 내적 성숙은 진지함, 자신감, 매너를 갖추고 주변을 배려하는 진정성을 갖춘 리더십을 장착시켜 준다.

임금이라면,
백성들이 지아비라 부르는 왕이라면,
빼앗고, 훔치고, 빌어먹을지언정
내 그들을 살려야겠소.

그대들이 죽고 못 사는 사대의 예보다

내 나라, 내 백성이

열 갑절 백 갑절은 더 중요하오.

리더의 태도와 진정성을 습득한

하선은 가짜 왕에서 '진짜 왕'으로 조금씩 리더의 모습을 갖춘다.

상대방을 내 사람으로 만드는 비법
하선은 어떻게 사월이와 도부장의 마음을 얻었는가?

네 이름이 무엇이냐?

왕의 식사시간. 수라상에 다양한 음식과 함께 팥죽이 놓여 있다. 하선은 팥죽을 맛있게 먹으며 "이 팥죽 누가 만들었느냐?"고 질문하고 팥죽을 만든 사람이 궁녀 사월이임을 확인한다. 하선은 팥죽을 맛나게 끓여준 궁녀에게 즉시 인정과 감사를 전한 것이다. 하선은 야참을 내온 사월이에게 궁에 들어온 사연을 듣고 가족과 이별한 아픈 사연을 함께 공감하며 자신이 왕 노릇 끝나기 전에 가족을 꼭 찾아주겠다고 약속을 한다. 왕의 진심에 감동한 사월이는 후에 왕을 독살하려는 음모를 알고 자신이 대신하여 독이 든 음식을 먹으며 죽음으로 하선을 지킨다.

그대들에게 가짜일지 몰라도
나에겐 진짜 왕이다.

왕 대역을 하던 하선에게 위기가 찾아온다. "세상을 속여
도 내 눈을 속일 순 없다." 바로 왕의 호위무사 도부장에게 들
킨 것이다. 칼을 들이대며 하선을 죽이려 하는 찰나 중전의 도
움으로 하선이 가짜 왕이라는 오해를 풀게 된다. 도부장은 그
자리에서 자결하려 하지만 하선이 저지하고 자신을 죽이려 했
던 도부장을 불러 위로한다. "살아 있어야 팥죽도 맛난 것, 기
억하거라. 이 칼은 날 위해서만 뽑거라." 하선의 위로에 감동한
도부장은 가짜 왕으로 밝혀진 하선을 끝까지 지키며 그를 위해
목숨을 바친다.

하선은 두 사람의 마음을 어떻게 얻었을까? 하선은 사월이
가 만든 팥죽이 맛있다며 바로 대면한 자리에서 이름을 확인
하며 인정을 한다. 이름을 물어본다는 것은 상대에 대한 존중
이다. 자신의 이름을 말하는 한상궁에게 면박을 주지 않고 다
시 사월이를 향해 "그러면 너의 이름은 무엇이냐?"며 다시 확인
한다. 자신의 이름을 먼저 말한 한상궁에게 바로 면박을 주지
않는 것도 상대에 대한 존중이다. 그리고 야참을 내온 사월이
의 사연을 궁금해하며 가족이 헤어져야 했던 아픈 사연을 듣고
"이런 X 같은"이라는 왕으로 해서는 안 될 말을 하며 사월이 눈
높이에 맞춘 진심공감을 한다. 이후 사월이에게 가족을 찾아주

겠다고 약속을 하고, 사월이는 자신을 진심으로 아껴주는 하선을 위해 죽음으로 마음에 보답한다. 하선은 자신을 죽이려 한 도부장의 자결을 막으며 그를 질책하고 벌을 주기보다는 그의 충정을 이해하며 하선 자신만을 위해서 칼을 쓰도록 하라며 위로하고 그를 인정한다. 질책보다 위로와 인정을 받은 도부장은 훗날 하선이 가짜 왕으로 밝혀져 도망갈 때 그를 끝까지 지키며 목숨으로 보답한다.

상대방을 내 사람으로 만드는 비결은 '관심關心'과 '진심眞心'이다.
기억하자! 사월이의 마음을 얻은 시작은
'네 이름이 무엇이냐' 이름을 불렀을 때부터이다.
인간관계의 핵심은 다양한 스킬이 아니다.

진짜 리더가 되다!
천민에서 왕으로

　　　　　　무엇이 하선을 변하게 만들었을까? 허균이 시키는 대로 짭짤한 보수를 받으며 허수아비 왕 노릇만 하면 편하게 지낼 수 있었을 텐데 말이다. 하지만, 왕 노릇하는 광대 하선은 스스로에게 왕의 권한을 주고 진짜 왕의 역할을 한다. 명나라에 조공을 바치자는 대신들에게 거침없이 백성을 살려야겠다고 말하고, 독이 든 음식을 먹고 죽어가는 사월이를 버선발로 뛰쳐나가 안고 어의를 향해 달린다. 버선발 의미는 '부모의 마음'을 상징한다. 부모는 자식을 위해서라면 버선발이라도 뛰어 달린다. 버선발로 사월이를 안고 달리는 모습을 본 도부장은 후에 자신의 선택이 옳았음을 확인하고 하선을 위해 죽음을 맞이한다. 궁녀 사월이를 진심으로 대하는 하선의 리더다움에 도부장은 하선의 사람이 된 것이다. 죽어가는 사월이를 품에 안으며 사월이를 독살시킨 자를 잡아오라고 명한다.

어서 말해보거라, 사월아

내가 왕이다.

누가 너에게 독약을 주었느냐?

　이 장면은 하선이 진짜 왕으로 변화하는 중요한 과정을 담고 있다. 하선이 광대 왕이 아닌 진짜 왕으로 자기 스스로에게 권한을 준 것이다. 즉, 왕으로서의 '자기선언'을 한 것이다. 리더는 주어진 리더십을 발휘하는 것이 아니라 스스로 자신을 정의하고 이루어 나가는 것이다.

　〈광해, 왕이 된 남자〉는 광대 하선이 천민에서 왕으로 변해가는 과정에서 리더가 되어가는 모습을 담고 있다. 그는 백성을 위하였으며, 신하를 진심으로 섬겼으며 신하가 섬기는 왕이었다. 영화는 질문한다. 천민에서 왕이 된 하선의 이야기를 통해 신임 리더가 갖추어야 할 리더십이 무엇인가?

　난 왕이 되고 싶소이다.
　하지만
　나 살자고 누군갈 죽여야 하고 그로 인해
　누군가 죽어야 한다면 난 싫소.
　진짜 왕이 그런 거라면…
　내 꿈은 내가 꾸겠소이다.

리더는 주어진 리더십을 발휘하는 것이 아니라

스스로 자신을 정의하고 이루어 나가는 것이다.

리더십 人사이트

처음 리더가 된 당신에게 건네는 첫 번째 조언

당신은

내가 누군지도 모른 채 리더가 되었다.

당신은

좋은 리더가 되는 법을 배운 적이 없다.

리더는 타고나는 것이 아니다.

리더는 온갖 사연과 만나 깎이고 깎여서 다듬어지는 것이다.

인정하자!

나는 준비가 되어 있지 않다.

그러니까

기다려주자!

나도 리더는 처음이야!

Leadership

밀레니얼 리더십

_ 밀레니얼은 처음이라서

밀레니얼
그들은 누구인가

회사보다 나!

야근보다 워라밸

사람보다 모바일

전통적 관계를 끊는 관태기

자기중심과 경험에 투자하는

강한 녀석들이 왔다.

밀.레.니.얼

너무 어려운
밀레니얼

판이 달라진다. 신입사원의 판이 달라지고 있다. '90년생이 온다'를 지나 Z세대가 이미 우리 조직의 주류를 접수하고 있다. 밀레니얼과 일하는 것이 어떤 어려움이 있고, 어려움을 느끼는 정도는 과연 얼마나 될까?

〈질문〉 밀레니얼 세대 관리에 어려움을 느끼십니까?

어려움을 느낀다. 57.2%

느끼지 않는다. 42.8%

〈질문〉 어려움을 느끼는 부분은? (복수응답)

조직보다 개인을 우선시함   67.9%

퇴사/이직을 과감하게 실행함   46.3%

개성이 강해 조직에 융화 어려움 32.7%

이전 세대 방식에 대한 거부감 19.8%

강한 성과보상 요구 17.3%

— 출처: '기업 10곳 중 6곳, 밀레니얼 세대 관리 어려워…' 사람인, 2019.11.05.

밀레니얼 고민 타파!

밀레니얼 세대 관리 어려워!

밀레니얼은 관리 대상이 아니다.

밀레니얼은 '이해' 대상이다.

언택트 리더십 상영관   **43**

밀레니얼
세대 공략 리더십

　　　　　'라테' 신조어에 카페에서도 라테를 시키지 않는다는 리더들의 고민. 바로 밀레니얼이다. 『90년생이 온다』(임홍택, 웨일북, 2018)라는 선두 마차를 필두로 서점에서는 '밀레니얼'에 관한 책이 매대를 점령하고 있다. 기업에서는 작년부터 밀레니얼과 잘 공존하기 위한 교육을 전방위적으로 실시하고 있다. 기존 생각과 관행으로는 새로운 가치관과 문화로 장착한 그들을 품을 수 없다. 밀레니얼 세대와 동행하기 위해서는 우선 그들을 이해해야 한다.

　　파리에겐 꽃보다 똥이 향기롭다.

　　왜냐고 묻지 마라. 그게 파리다.

　　파리는 똥보다 꽃이 향기롭다고

　　주장하는 우리에게

　　아무것도 묻지 않는다.

　　— 정철, 『내 머리 사용법』 허밍버드, 2015

다름을 만났을 때

다름에 잘 대처하는 방법은 다름을 인정하는 것이다.

밀레니얼을 이해하는 첫걸음!

밀레니얼은

당신과 다르다!

영화 속 리더십 人사이트

키팅 선생님이 전해주는
밀레니얼 세대를 이끄는 리더십
영화 〈죽은 시인의 사회〉

리더가 된 당신에게 전하는 두 번째 '리더십 영감 레시피'는 영화 〈죽은 시인의 사회Dead Poets Society〉이다. 영화 〈죽은 시인의 사회〉는 키팅 선생님을 통해서 각자 개성이 다양하고 인생의 즐거움과 의미, 자신의 주체성, 존중을 의식하고 있는 밀레니얼 세대에게 맞는 '리더십 영감inspiration'을 제시한다.

영화 〈죽은 시인의 사회〉의 배경인 웰튼고등학교는 '전통, 명예, 규율, 최고'를 가치로 내건 최고의 명문 고등학교이다. 입시 명문 사관학교로 학생들에게 자신의 생각과 꿈보다 부모님들의 생각에 따라 사회 최고 엘리트로 성장하기 위한 포석을 마련해준다. 오로지 명문 대학 진학을 위하여 아이들의 인권은 허락되지 않고 철저히 입시를 위한 교육으로 자유를 억압하고 있다. 그런 학교에 키팅 선생님은 첫 수업부터 입시를 위한 지

식을 배우기보다 스스로 자신의 인생을 설계하라며 독특하고
자율적인 수업을 한다.

밀레니얼 세대에게
존경받는 리더

입시 명문 사관학교에서 키팅 선생님은 부임 후 억압에 시달려 있던 학생들에게 차츰 주도적인 삶을 살아갈 수 있는 길을 제시하며 학생들을 이끈다. 키팅 선생님은 학생들이 현실 변화를 받아들이고 인식할 수 있도록 한다. 현실의 자화상을 마주한 학생들은 키팅 선생님의 동기부여가 결정적인 역할을 하여 자발적 내면의 변화를 수용한다. 학생들에게 키팅 선생님은 학생들의 마음을 헤아리는 '친구'였으며, 그들에게 헌신하는 '형님' 같은 존재였다.

키팅 선생님의 리더십은 리더와 팔로워의 이상적인 관계를 보여준다. 리더십은 관계를 다루는 철학이며 행동학이다. 즉, 리더십의 핵심은 리더와 팔로워의 관계를 이상적으로 유지하는 것이다. 키팅 선생님은 입시 사관학교인 조직에서 학생들과 수직적 관계가 아니라 수평적 관계로 학생들을 리드한다. 키팅 선생님의 소통 방식은 학생들을 이해하고 배려하며 그들 눈높이에 맞추어 이야기하고, 교사와 학생 신분이지만 서로의 삶을 존중하는 공생적 관계의 모범이었다.

웰튼고등학교의 학생들은 지금의 밀레니얼과 닮았다. 그들
은 철저히 입시위주 환경에서 학습했으며 사회진출을 위해 자
신의 삶을 꿋꿋이 갉아먹었다. 이제 사회로 나온 그들이 추구
하는 것은 짓눌린 자유와 개성, 그들의 가치를 찾는 것이다. 기
성세대와 다른 삶을 살았고 다른 가치관을 가진 밀레니얼 세대
에게 가장 필요한 것은 그들을 이해하고 포용하는 것이다.

리더의 진심이 전해질 때 밀레니얼의 마음을 움직이고

마음이 움직이면 행동이 바뀐다.

굳게 닫힌 잠재력을
이끌어내는 마법

키팅 선생님의 열린 마음과 교육 방법은 학생들의 마음을 통째로 흔들어 놓았다. 내성적이고 소심한 주인공 토드도 키팅 선생님의 마법으로 마음을 활짝 열게 된다. 자작시 낭송시간, 키팅 선생님은 학생 한 명 한 명의 자작시를 나누며 격려한다. 이제 주인공 토드의 차례이다. 토드는 '자신은 시를 쓰지 못했다'며 발표하지 않으려 한다. 그런 토드에게 키팅 선생님은 잠재력이 있다며 그를 격려하고, 손으로 두 눈을 가리고 토드 내면에 있는 자신감을 꺼내 준다. 토드는 거짓말처럼 시를 읊고 키팅 선생님은 더 잠재력을 이끌어 내어 시를 완성하게 한다. 시 낭송이 끝나는 순간 교실에는 당혹함의 침묵이 흐르고 이어 환호의 격려와 박수가 이어진다. 카메라 앵글이 키팅 선생님과 토드를 빙빙 돌면서 보여주는 장면은 영화에서 절대적인 명장면이며, 키팅 선생님이 토드의 잠재력을 이끌어내는 마법의 순간이다.

좋아, 세상에…

너에게도 시적인 잠재력이 있어…

오늘 수업 절대 잊지 말거라~

〈죽은 시인의 사회〉의 키팅 선생님은 기존의 리더십과 다른 리더십을 보여준다. 그의 리더십은 현시대가 요구하는, 밀레니얼과의 관계에 필요한 지금의 리더의 고민을 해결할 수 있는 '영감'을 제시한다. 키팅 선생님은 '카르페 디엠'을 외치며, 학생들에게 현재를 즐기라고 말한다. 주입식 교육을 무작정 따르기보다, 인생을 스스로 설계하는 창조적인 태도를 강조한다.

현재를 즐겨라!

시간이 있을 때 장미 봉우리를 즐겨라!

의학, 법률, 경제, 기술 등은 삶을 유지하는 데 필요하겠지.

하지만 시와 미, 낭만, 사랑은 삶의 목적인 거야.

내가 왜 이 위에 섰는지 이유를 아는 사람?

이 위에 선 이유는 사물을 다른 각도에서 보려는 거야.

이 위에서 보면 세상이 아주 다르게 보이지.

믿기지 않는다면 너희들도 한번 해봐. 어서, 어서!

어떤 사실을 안다고 생각할 때 그것을 다른 시각에서도 봐야 해.
틀리고 바보 같은 일일지라도 시도를 해 봐야 해!

과거의 방식에 안주하기보다는
새로운 지식과 경험을 추구하자.
나와 밀레니얼이 다름을 인정하고,
일에 대한 새로운 가치와 방법을 함께 발견하자.

〈죽은 시인의 사회〉는 키팅 선생님을 통해 목표지향적인 삶보다 더 중요한 것은 과정의 행복이라는 것을 일깨워주며, 이와 함께 조직원들의 잠재력과 생생한 능동성을 끌어올리는 리더의 모습도 보여준다. 입시 위주의 교육에 지친 학생들은 키팅 선생님의 가르침을 통해 서서히 변해간다. 그리고 자신도 미처 몰랐던 스스로의 잠재력을 발견하게 된다.

날 키팅 선생님이라고 불러도 좋고
대담하게
'오~ 선장, 나의 선장님'이라고 불러도 된다.

리더십 人사이트

누구나 다 라테가 있었다.

잊지 말자,

당신도 한때는

요즘 애들이었다!

Leadership

리더의 코칭

_ 잠재력을 이끌어 내는 마법

사람을 신뢰하라.

그러면 그들은 당신에게 진실할 것이다.

그들을 대단한 인물로 대하라.

그러면 그들은 자신의 위대함을 보여줄 것이다.

— 랠프 월도 에머슨

코칭의 불편함

업무를 지시하면 '왜 제가 해야 하지요?

이유를 알려주세요'라는 대답이 돌아오고

무언가 요청을 했을 때 '네. 알겠습니다' 하고

단번에 응해주는 법이 없고

회의 중 아이빠 폰에서는 '모두의 마블'이

열심히 스스로 자가동력 중이고

면담을 하자고 하면 불편한 공기가 원기옥을 모으고

피드백을 전해주면 '저에게 왜 이러세요'라며 무시당했다고

감정적으로 받아들이는 것

리더의 최대 고민

코.칭

　　　　　　　'코칭' 단어만 들어도 리더들에게 한숨은 자동 발사다. 초보 리더가 처음 당면하는 어려움은 구성원과의 면담에서 이루어지는 코칭이다. 제대로 배운 적도 없는 코칭을 갑자기 하려면 잘할 수 있는 리더가 얼마나 될까? 특히,

기성세대와 다른 밀레니얼과의 소통은 어렵기만 하고 코칭이라고 느끼는 순간 레이저 광선이 온몸을 관통하는 찌릿함을 느끼게 된다. 이런 리더의 한숨을 누가 이해해줄까?

코칭의 의미

코칭이 어떤 의미인지를 이해하기 위해서 어원을 살펴보자. '코칭Coaching'의 어원은 1500년대로 거슬러 올라가서 헝가리의 도시 '코치Kocs'에서 개발된 네 마리 말이 끄는 마차Coach에서 탄생했다. 코치는 정해진 목적지를 가기 위해 도와주는 사람이라는 의미에서 개인의 목표를 성취할 수 있도록 인도한다는 의미로 진화하였다.

우리는 코칭이
익숙하지 않다

성과위주로 운영하는 외국계 회사에서 면담과 코칭은 필수적이다. 하지만 우리나라는 어떠한가? '침묵'의 미덕을 몸소 실천하신 역사적 조상님 덕으로 우리는 조직에서 객관적인 상황을 같이 소통하며 나누지 않는다. 소통은 역시 '酒님'과 함께, 라며 퇴근 이후 진짜 소통이 시작되는 것이다. 우리는 문화적으로 소통에 약하다. 이것이 엄연한 현실이다. 우리는 사회에서 필요한 진짜 대화를 잘 나누는 법에 익숙하지 않다. 우리 주변에 흔한 코칭 모습을 외국 코칭 사례와 비교해 우리가 얼마나 코칭에 익숙하지 않은지 확인해 보자.

<코칭 사례 #1_우리나라 유소년 축구 코치 VS 영국 유소년 축구 코치>
(코칭 #1_우리나라 유소년 축구 코치)
OO야! (OO 선수가 공격하는 위치를 가르치며)
코치: "네가 지금 여기서 공격하고 있잖아."
　　　"잘해, 잘하는데 … 드리블이 너무 많아."

"OO와 OO가 기다리고 있거든. 여기서 센터링을 해주

든가 안으로 들어가서 패스해주라고 했잖아. 안 그러면

슈팅."

"그렇지?"

선수: (아무 말이 없다.)

(코칭 #2_영국 유소년 축구 코치)

코치: (들어오는 선수를 향해)

"환상적이었어! 우리가 잘한 것은 뭐지?"

선수 "패스."

코치: "그래, 너무 환상적이었어."

선수: "골을 넣고 싶어요."

선수: "전 골을 넣었어요."

코치: "우리가 공을 가지면 어디로 가야 할까?"

선수: "공간이요. 날개 쪽."

— 출처: KBS 〈슛돌이 드림팀. 잉글랜드 원정대〉

〈코칭 사례 #2_우리나라 엄마 VS 미국 엄마〉

EBS에서 방송된, 3~4학년 아이들을 대상으로 흩어져 있는 글

자를 조합해 단어를 만드는 놀이 과정을 다룬 다큐멘터리 프

로그램에는 '우리나라 엄마 vs 미국 엄마는 아이에게 어떻게 코칭을 하는가'에 대한 자료가 나와 있다. 과연 우리나라 엄마와 미국 엄마의 코칭은 어떻게 다를까? 우리나라 엄마는 아이가 문제를 풀지 못하고 헤매고 있으면 즉시 개입하고 적극적으로 도와주어 문제를 풀도록 한다. 반면 미국 엄마는 아이가 문제를 풀지 못해도 격려만 할 뿐 직접적인 개입은 하지 않는다. 미국 엄마들은 아이가 직접 문제를 풀 수 있을 때까지 지켜보기만 한다.

— 출처: EBS 〈다큐프라임〉 '마더쇼크. 한국 엄마와 미국 엄마'

우리나라 코칭과 외국 코칭의 차이

영국 코치, 미국 엄마의 코칭은 잘하고 있는 것을 격려하며 직접적인 해답을 주기보다 아이가 스스로 생각하여 가야 할 방향을 찾을 수 있도록 돕는다. 반면 우리나라 코치, 엄마는 직접적으로 해답을 제시하며 아이가 문제를 해결할 시간을 주기보다 먼저 적극적으로 나서서 도와준다. 우리나라에서의 코칭은 성취의 과정보다는 결과를 중시한다. 아이는 과정을 거치면서 생각을 하고 있는데 코치, 엄마는 자기가 생각하기에 옳다고 생각하는 길을 가도록 강요한다. 이러한 코칭은 아이의 생각을 방해하고 단절시킨다.

지시와 답을 주는 것은 코칭이 아니다.

코칭은 스스로 그림을 그리도록 하는 것이다.

영화 속 리더십 人사이트

순둥이 미식축구 선수를
최고의 선수로 만든 코칭
영화 〈블라인드 사이드〉

영화 〈블라인드 사이드The Blind Side〉는 미국 미식축구 선수 마이클 오어의 실화를 바탕으로 만든 영화이다. 어린 시절 약물 중독에 걸린 엄마와 강제로 이별을 당한 후 마이클 오어는 여러 가정을 거쳐 자라게 된다. 건장한 체력과 뛰어난 운동 신경을 눈여겨본 미식축구 코치에 의해 상류 학교로 전학을 가지만 성적 미달로 운동을 할 수 없게 된다. 추수감사절 하루 전날 밤, 추운 날씨에 반팔 셔츠로 몸을 보호하고 있는 마이클을 발견한 리 앤은 마이클을 집으로 데려와 지낼 수 있도록 도와준다. 마이클의 순수함에 빠진 리 앤 가족은 마이클을 가족으로 맡기로 하며, 리 앤 가족의 도움으로 성적까지 향상된 마이클은 놀라운 실력을 발휘하여 명문 대학에 스카우트되고 훗날 전미 최고의 미식축구 선수에 오르게 된다.

상대의 언어로 말하라

덩치가 커 빅마이크로 불리는 마이클은 덩칫값을 못 하는 순둥이 미식축구 선수이다. 훈련시간 코치로부터 빈번하게 지적을 받은 마이클은 주눅이 들어 있다. 경기장 밖 관중석에서 지켜보던 리 앤은 하이힐을 신은 채 뚜벅뚜벅 경기장 안 마이클을 향해 간다. 시선이 집중된 상황에서 리 앤은 마이클을 끌고 위치를 잡아주며 마이클에게 자신의 방식으로 설명한다.

처음 무서운 동네로 옷을 사러 갔을 때 네가 나를 지켜주었지.

내가 무서워하자 걱정 말라고 했지?

네가 날 지켜주니까. 맞지?

누가 내게 오면 막아줄 거였지?

너와 SJ에게 사고 났을 때 너 에어백을 어떻게 했었지?

막았어요.

네가 막았어.

이 팀이 가족이야,

네가 보호해야 해.

마이클에게 코칭 후 다시 자리로 돌아가는 리 앤은 코치의
어깨를 툭툭 두드리며 말한다.

소리치는 건 안 통해요.
사람을 안 믿죠.
쟤 경험상 사람들은 신경 쓰는 척하다가 사라지니까.

리 앤은 선수 토니를 데려와 "네가 얘 사각지대를 보호해야
해"라고 말하며 "얘를 보며 나를 생각해. 나를 지키듯 얘를 지
켜"라고 주문한다. 이어 다른 선수를 데려와서 다시 역할을 이
야기한다. "롬퍼롬퍼는 네 테일백이야. 얘를 보면 SJ를 생각해.
절대 안 다치게 하는 거야."

가족을 보호할 거니?

리 앤은 마이클이 건강한 체격임에도 수비를 잘하지 못하
자 그가 가족 보호본능이 강한 것을 상기시키며 코치를 능가하
는 코칭을 한다. 순둥이 마이클은 덩치는 크지만 미식축구에서
자신의 역할을 제대로 인지하지 못했다. 리 앤은 마이클의 수
준에 맞는 언어로 이해시키는 맞춤형 코칭을 한 것이다. 코칭

결과는 어땠을까? 마이클은 이후 미국 최고의 미식축구 선수가 된다.

코칭은 나의 언어로 말하는 것이 아니라

상대의 언어로 말하는 것이다.

사회부적응 수학 천재를 변화시킨 코칭
영화 〈굿 윌 헌팅〉

천재적인 두뇌를 가지고 있지만 어린 시절 받은 상처로 인해 세상에 마음을 열지 못하는 불우한 반항아 윌 헌팅. 윌은 타고난 수학 천재로 엄청난 재능을 갖고 있다. MIT 대학교에서 청소부로 일하는 윌은 어느 날 복도 칠판에 적힌 수학 문제를 풀게 되고, 이 사건으로 학계에서 유명한 수학자 램보 교수의 눈에 띄게 된다. 램보 교수는 윌의 재능을 확인하고 후원을 자처한다. 하지만 윌은 냉소적으로 계속 문제를 일으키고, 램보 교수는 윌의 정서적 문제를 해결하기 위해 마지막으로 자신의 친구인 심리학과 교수 숀에게 윌의 상담을 의뢰한다.

감성에 공감적
이해를 더하라

월은 숀과의 상담에서 비협조적 태도로 일관한다. 어느 날 월은 숀에게 점차 마음의 문을 열게 된다. 월과 마찬가지로 숀 역시 아내를 잃은, 상실의 아픔이 있는 과거가 있다는 것을 알았기 때문이다. 숀과의 만남을 거듭하면서 숀의 진심과 공감적 이해에 이끌려 조금씩 마음의 문을 열기 시작한다.

나는 낸시와 결혼했던 18년을 후회하지 않아.

낸시가 아파서 일을 못 했던 6년도 후회하지 않아.

침대 옆에서 지켜봐야 했던 마지막 2년도 후회하지 않아.

그리고 진짜 그 경기를 놓친 것 따윈 후회하지도 않아.

후회하지 않아.

천재적 재능을 가진 월은 감성 능력이 부족하여 사회에 부적응하는 모습을 보여주고, 그러한 결함에 여자 친구에게도 진심으로 다가가지 못한다. 여자 친구에게 다가가지 못하는 월에게 손은 조언을 한다.

이 친구야, 넌 완벽하지 않아. 그리고 미리 조언을 해주자면
네가 만난 그 여자애도 완벽하지 않을 거야.
진짜 문제는 너희 둘이 서로에게 완벽한가이지.

상처로 인해 세상과의 문을 굳게 닫은 윌의 마음을 열게 한
것은 무엇일까? 손은 윌과 친구처럼 편안하고 자유로운 정서
적 환경에서 티칭이 아닌 코칭을 했다. 티칭이 선생님과 제자
같은 수직적 개념이라면 코칭은 평등한 관계에서 나오는 친구
이자 조력자와 같은 개념이다. 손은 윌의 아픔을 공감하고 이
해하였으며 가르치지 않고 진심으로 도와주려고 했다. 손은 윌
의 상처를 파악하는 감성 능력이 있었기 때문이다. 어둡기만
하던 윌의 인생에서 처음으로 만나게 된 진정한 인생의 스승
손은 삶의 상처를 이겨내는 슬기로운 방법과 인생과 투쟁하는
진정한 지혜를 알려준다. 그 사람에게 필요한 해답은 모두 그
사람 안에 있다.

나쁜 일도 있을 거야. 하지만 그럴 때마다 보이지 않았던 좋은
것들이 보이기 시작할 거야.

티칭

보다

코칭

구성원의 재능, 역량을 보기 전에 한 사람으로 먼저 본다.

코칭은 한 사람 전체를 보아야 한다.

리더십 人사이트

널 위해서라는 말은

이제 그만!

코칭은

상대와 나의 호흡이다.

Leadership

리더의 동기부여

_ 열정을 넘어 시너지로

리더와 구성원의
동상이몽

꿈을 그리며 열심히 일하면 돌아오는 말.
"현실 좀 봐."
현실을 힘겹게 받아들이며 일하면 돌아오는 말.
"제발 꿈 좀 꿔."

리더는 사람관리와 성과를 책임지는 자리이다. 처음 리더가 되었다면 직원일 때 보이지 않았던 다른 것들이 다른 시각으로 보일 것이고, 판단을 통해 선택을 해야 하는 기로에 서게 된다. 직원일 때는 내 일만 열심히 하면 끝이었지만 리더는 구성원의 합을 한 방향으로 이끌어내 최고의 효과를 내야 한다. 말하지 않아도 알고, 알아서 척척 스스로 일하는 직원과 함께한다면 두려울 것이 무엇일까? 하지만, 직원들은 리더의 마음과 같지 않다. 과거에는 상사가 하라면 하는 시대였다. '무슨 말인지 알겠지'라는 상사의 말에 심리학자로 빙의하여 그 의미를 샅샅이 분석하고 컵라면을 먹고 야근을 하며 기어이 해내야만 했다. 오랜 시간 사회경험이 많은 리더일수록 달라도 너무 다른 부하직원이 어떻게 하면 일을 잘하게 할 수 있을까라는 '동기부여'가 과제로 남을 것이다. 하지만 시대가 변했다. 사람들도 변했다. 직원은 리더가 아니다. 일을 바라보는 관점 자체가 다르다. 리더의 마음을 이해할 수 없고 이해하려 하지 않는다. 그럼에도 불구하고 리더는 구성원들과의 '동상이몽'을 탈피해야 한다.

단어에서 오는
착각

우선 '동기부여'의 의미를 확인하기 위해 사전적 정의를 찾아보자. 표준국어대사전에는 '동기부여'란 '교육 학습자의 학습 의욕을 불러일으키는 일', '심리 자극을 주어 생활체로 하여금 행동을 하게 만드는 일'로 정의되어 있다. 우리가 주목할 점은 단어 자체에 있다. '동기부여'에서 '부여'의 주체에 대한 의미이다. 즉 동기는 과연 부여되는 것인가 아니면 부여하는 것인가에 대한 의문인 것이다. '동기부여'라는 단어가 품고 있는 어감은 타인이 부여해야 할 것 같은 착각을 갖게 만든다. '동기부여'는 타인이 부여하는 것이 아니다. 우리가 주목해야 할 것은 '부여'가 아니라 '동기'이다. '동기'는 자신이 자발적으로 움직이는 것이다. 단어에서 오는 착각에서 벗어나자. 중요한 것은 움직이는 '주체'이다.

스타는 자기가 중심에 오르고 싶어 하고
리더는 주변 사람들이 스타가 되기를 바란다.

동기부여는 필요 없다

사회생활을 하는 우리들은 각자의 자리에서 프로가 되어야 한다. 프로란 무엇인가? 프로는 그냥 한다. 이유 같은 건 프로에게 필요 없다. 동기가 있어야 한다는 생각 자체가 성숙하지 못한 생각이다. 더군다나 조직에서는 나의 쓸모를 대가로 보상을 받는다. 할 일은 많은데 의욕이 안 생긴다고 하는 경우가 있다. 의욕이 안 생기는 것과 할 일을 하는 게 무슨 상관인가? 의욕이 없으면 일을 안 할 것인가? 사회는 학교가 아니다. 프로는 의욕과 일을 연계하지 않는다. 필요와 목적 때문에 일을 하는 것이다. 열심히 일할 계기가 있어야 일을 한다는 것은 프로의 자세가 아니다. 흔들림 없이 꾸준히 실행하는 자세가 프로의 자세이다. 조직에서 동기부여는 필요 없다. 할 일을 하는 것이다.

동기부여는 필요 없다.
당신이 제대로 된 사람들과 함께한다면.
-짐 콜린스

'할 수 있어'라는 환상

사회 초년생에게 파이팅만 주는 '할 수 있다'는 격려는 독이 될 수 있다. 신입은 잘하려는 의지와 패기만으로는 잘할 수 없다. 사회생활을 준비했다고는 하지만 학교에서 가르쳐 준 것은 학교용일 뿐 사회로 나오면 자동 폐기 처분된다. 일도 사람도 관계도 모든 것이 낯선 초년생들에게 잘할 것을 기대한다면 그들은 쉽게 위축된다. 그러다 몇 번 안 되면 도전을 포기하고 패배 의식만 한가득 쌓이게 된다. 열심히 잘하려는 신입들에게 솔직히 말해주자. '잘 안 될 거야. 하지만 그냥 해 봐.' 처음이고 익숙하지 않기 때문에 잘할 수 없는 거라는 '사실'을 인지시켜 주자. 잘 되면 잘했으니 감사할 일이고 안 되는 건 당연하니 '실망'할 필요가 없다고 알려주는 것이다. 무조건 '잘 될 거야'라며 동기부여를 하는 건 새싹에게 소금물을 주는 것이다. 오히려 안 돼도 괜찮으니 그냥 해보는 것 자체에 의미를 두게 하자. 성과는 리더가 책임지겠다는 믿음을 주고 신입에게는 그냥 해보라고 하자. 새로운 걸 배우는 사람에게 필요한 자세는 잘하는 게 아니라 그냥 하는 것이다.

그럼에도 불구하고 다시, 동기부여

'동기'가

나와 세상을 바꾸는 힘이 되니까!

영화 속 리더십 人사이트

불가능한 꿈, 그 이상의 쇼로 만든 스토리
영화 〈위대한 쇼맨〉

다른 사람들을 행복하게 해주는 것이 진정한 예술이다.

영화 〈위대한 쇼맨The Greatest Showman〉은 필자가 지금까지 본 최고의 뮤지컬 영화 중 하나이다. 기분을 좋게 하고 동기부여하는 영감을 주는 달콤한 영화이다. 개인적으로 뮤지컬 영화를 좋아한다. 이유는 영화의 메시지가 좋은 음악과 결합하여 보다 깊고 오래가는 여운을 주기 때문이다. 적재적소에서 눈과 귀를 사로잡는 〈위대한 쇼맨〉의 OST와 안무는 보는 이들에게 즐거움을 선사할 것이며, 특별한 메시지를 담아내 재미를 넘어서 감동까지 전하며 울림을 불러일으킬 것이다.

빌 게이츠와 제프 베조스가 있기 전 미국에서 가장 부유한 사람 중 한 명으로 알려진 기업가인 P. T. 바넘P. T. Barnum이 있었다. 영화 〈위대한 쇼맨〉은 쇼 비즈니스의 창시자이자 꿈의

언택트 리더십 상영관   **83**

무대로 전 세계를 매료시킨 남자, 바넘의 일대기를 그린 작품이다. 바넘은 양복을 만드는 가난한 아빠를 따라간 귀족집에서 그 집의 소녀 채러티에게 한눈에 반한다. 귀족집에서 가난뱅이 아들을 받아들일 수는 없는 법. 하지만 둘은 오랜 편지로 사랑을 키우고 결혼해 두 딸을 낳는다. 행복은 하지만 가난한 가족. 회사에서 정리 해고된 바넘은 새로운 사업을 구상하고 박물관을 매입해 독특한 사람들을 모아 지상 최대 서커스 공연을 펼친다. 그들이 쇼를 통해 점점 변화해가는 모습, 그리고 그들이 세상 밖으로 나올 수 있게 했던 바넘 역시 그들을 통해 새로운 자신을 발견해가는 모습이 가슴을 울리는 뜨거움을 전달한다.

원하는 길로
이끌어라

　　　　　자신의 기대와 달리 쇼에 사람이 찾아오지 않아 고심하던 바넘은 부잣집 도련님 필립을 알게 된다. 귀족 사교계에서 명성을 날리던 필립은 사교계에 환멸을 느끼지만 떠나지도 못하고 방황하면서 지낸다. 한 클럽에 있던 필립에게 다가가 스카우트 제안을 하는 바넘의 모습은 멋진 뮤지컬로 표현한다. 바넘은 부족할 것이 없는 필립에게 어떤 동기를 주었을까?

　　강요는 하지 않아.
　　하지만 나와 함께라면
　　당신은 자유로워질 수 있어.

　　바넘은 필립이 사교계에 갇힌 지겨운 일과 벽에서 자유롭게 해 주겠다며 제안한다. 식상한 일을 화려한 것으로 바꾸며, 조금 미친 듯 살아보라고 필립의 자유로운 영혼에 종을 울린다. 바넘은 매일 똑같은 진부한 삶에서 벗어나기를 원하는 필립의 마음을 읽은 것이다. 하지만, 필립은 귀족과 살지만 땅콩은 줍지 않는다며 제안을 거절한다. 바넘과 어울리면 사람들의 조롱거리가 되며, 수치스럽게 쫓겨난 광대들처럼 살고 싶지 않다고 말한다.

바넘은 필립의 자유를 추구하는 깊은 욕망을 파악하고 있었다. 자신의 쇼에 필립의 역량이 더해진다면 충분히 성공할 수 있다는 판단을 한 것이다. 바넘은 쇼 성공을 위해 필립이 절실히 필요했지만 필립은 그렇지 않았다. 바넘은 결국 필립을 설득하여 자신과 함께 꿈을 꾸게 만들고 동업을 하는 멋진 사업가가 되도록 만든다. 필립은 바넘이 달아준 '자유'의 날개를 달고 서커스를 위해 자신의 역할을 다한다. 사교계에 있었던 경험을 바탕으로 영국 왕실에서 초청을 받고 바넘이 순회공연으로 부재 시 서커스 단원들을 챙기며 리더의 역할을 대신한다. 필립은 후에 서커스단을 이끄는 후계자가 된다. 바넘의 설득과 동기부여는 조직과 필립 개인에게 시너지를 더하는 최고의 궁합이었다. 무엇이 부잣집 아들 필립이 가난한 사업가 바넘과 파트너가 되게 만들었을까? 필립의 자유로운 삶을 살고 싶어 하는 '동기'를 바넘이 울려준 것이다. 다만 조직에서 리더의 동기부여는 개인이 추구하는 '동기'에만 머물러서는 안 된다. 개인이 추구하는 일과 라이프스타일이 조직과 어울리지 않는다면 잘못된 동기부여이다. 조직에서의 동기부여는 개인과 조직에 조화로운 시너지를 일으켜야 한다.

네게 꿈꾸는 자유를 줄게.
그것이 널 일깨워 줄 거야.
네 아픈 곳도 치유해 줄 거야.
네 벽을 부셔 봐.

리더의 동기부여는 조직과 개인의 조화로운 상생이어야 한다.

특별함을 일깨워라

　　　　　바넘은 선천적인 특징 때문에 사회에서 차별받고 있는 소외된 사람들을 서커스단에 영입한다. 장군을 꿈꾸었지만 키가 작아 군인 장난감을 갖고 노는 청년에게는 쇼에서 장군으로 만들어 주고, 천상의 목소리를 가졌지만 턱수염이 가득한 뚱보 아가씨를 세상이 깜짝 놀랄 것이라며 세상 밖으로 나오게 만든다. 문신한 사람, 키다리 아저씨, 흑인 공중곡예사 등 사회에서 홀대받았던 그들에게 위대한 쇼를 만들어 준다. 두려움과 기대가 공존한 첫 공연. 위대한 쇼맨들은 처음으로 자신의 장점을 활용하여 세상 밖에서 쇼로 표현하고 공연을 성공적으로 마무리한다. 바넘은 세상 밖으로 나오기 꺼려하는 그들에게 어떤 '동기'를 주었을까?

신경 쓰지 마.
아직은 이해 못 하지만 곧 이해할 거야.

　바넘은 차별받고 상처투성이인 서커스 단원들에게 '자신을 사랑하라'는 메시지를 전한다. 다름은 단점이 아니다. 다름

은 개성이며 장점이다. 다름을 장점으로 받아들일 때 '특별함'
이 된다. 바넘은 단원들에게 당신은 사람들과 다른 게 아니라,
'특별'하다고 일으켜 세운다. 단원들이 받은 자신감은 세상 밖
으로 나가는 열쇠가 된다. 자신감 무기를 장착한 단원들의 쇼
는 연일 매진이 되며 스스로 쇼를 즐긴다. 비난하는 세상 밖으
로 나가는 것은 두렵다. 가보지 않은 길을 가는 것에도 용기가
필요하다. 밖으로 나가서 한 발 걸음을 떼는 것이 어렵지 길에
걸어 나가면 새로운 세상이라는 선물을 만나게 된다. 단원들은
두려워했다. 다름에 차별의 칼을 맞으며 외로운 세상과 홀로
싸워야 했던 그들에게 바넘은 자신을 사랑하는 법을 알려주었
고, 세상의 문을 열고 다름을 특별함으로 삼아 세상이라는 무
대에서 자신을 당당히 즐기도록 인도했다.

　　용기 있게 세상으로 나가는 단원들의 당당한 모습을 보여
준 곡이 〈THIS IS ME〉이다. 단원들의 결의에 찬 모습과 세상
에 대한 그들의 외침이 노래에 잘 드러나 있다. 시련도 있었다.
영화 후반부 바넘이 오페라 가수 순회공연으로 자리를 비운 사
이 공연장은 불탔으며 바넘과 단원들에게 남은 것은 타버린 건
물재밖에 없었다. 이제 좌절밖에 남지 않은 바넘에게 필립은
자신이 모아둔 자금으로 재기할 수 있다며 의지를 북돋았고,
단원들은 흩어지지 않고 바넘과 함께 일어설 것을 약속한다.

세상은 저희를 수치로 여겼지만
당신은 우리를 주목받게 해 줬고
진정한 가족을 선물해줬어요.

〈위대한 쇼맨〉에서 바넘이 필립과 단원들에게 준 '동기'를
분석해 보자. 바넘은 필립과 단원들에게 즐기며 자신들이 잘
할 수 있는 일을 제시하였다. 재밌고 즐거운 일을 할 때 누구나
의욕이 생기게 된다. 그리고 자신이 하고 있는 일에 대한 중요
성을 일깨워 주었다. 필립은 자유로운 영혼의 장점과 사교계에
있었던 경험이 더해져 시너지를 냈으며, 상처로 가득했던 단원
들은 쇼를 통해 사람들에게 힐링을 줄 수 있는 자신들의 모습
을 기억하고 극장에 화재가 났을 때도 좌절하지 않고 다시 재
기하려 노력한다. 바넘은 단원들의 성공을 위해 분주히 노력하
고 격려한다. 이러한 에너지가 합이 되어 자신들 삶을 스스로
선택하여 위대한 쇼를 탄생시키게 된다.

남들과 똑같으면
성공할 수 없지.

숨겨둔 불가능한 꿈을 꺼내게 하는 순간
위대한 쇼는 시작된다.

리더십 人사이트

리더의 역할은 지시하는 것이 아니라

잠재된 꿈을 끌어내 스스로 일어나게 해 주는 것이다.

Leadership

리더의 설득

_ 팩트보다 강력한 스토리텔링

누군가를 설득하기 전에 자신부터 설득하라.

만일 자신을 설득하지 못하는 일이라면

그만 포기하라.

— 존 헨리 패터슨

살아남으려면
설득하라

우리는 설득하려고 애쓰는 사람과 설득당하지 않으려 애쓰는 사람들의 사이에서 매일 승자가 없는 싸움을 하면서 살아가고 있다. 우리는 설득의 전쟁터에서 살아가는 것이다. 열심히 작성한 보고서는 상사를 설득해야 다음 과정으로 진행할 수 있고, 후배와 함께 일을 하기 위해서는 후배를 설득해야 하는 세대를 살아가고 있다. 중요한 것은 사회생활에서 설득은 꼭 배우고 활용해야 할 중요한 무기라는 것이다. 우리는 사회생활에서 매일매일 무언가를 또는 누군가를 계속 설득해야 한다. 반대로 우리는 설득을 당하면서 살아간다. 같은 상품이라도 같은 주장도 사람에 따라 다르게 설득된다. '참 쉽쥬~'라며 미친 설득력을 발휘하는 백종원 선생님은 요리에 관심 없던 남자들을 주방으로 몰아넣은 일등 프로설득러이다. 지금까지 유행하는 TV 음식 프로그램에서 누가 시식평을 하는가에 따라 우리는 음식점을 방문하기도 하고 요리를 직접 만들어 본다. 많은 사람들이 TV 요리 프로그램을 거쳐 갔다. 백종원 선생님은 아직도 TV에서 독보적으로 활약하고 있다.

심지어 SBS에서 수요일, 목요일 연속으로 그를 만날 수 있다. '맛남의 광장'이라는 선한 영향력으로 농벤져스와 함께 우리 농산물 판매에 앞장서고 있다. 사람들은 백종원 선생님께서 만든 요리를 직접 만들기 위해 농산물을 소비하게 된다. 백종원 선생님은 TV 프로그램에서 생존하기 위하여 방송국 PD뿐만 아니라 시청자까지 꾸준히 설득하고 있는 것이다. 수많은 요리 패널 중 백종원 선생님이 살아남은 유일한 이유는 설득의 힘이다.

살아남으려면 설득하라!

설득은 생존이다!

설득이
어려운 이유

설득이란 우리가 얻고자 하는 것을 얻고, 타인에게 영향력을 행하여 상대의 마음을 움직이게 하는 것을 말한다. 설득이란 모든 생활에 필요한 수단이지만 설득은 매우 어렵다. 설득이 어려운 이유를 한비자와 톰 니콜스는 다음과 같이 설명하고 있다.

> 설득이 어려운 것은, 남을 설득할 수 있을 만큼 풍부한 지식을 갖는 것이 어렵다는 것이 아니다. 또한, 나의 의사를 충분히 표현할 수 있을 만큼 언변을 가지기 어렵다는 것도 아니다. 또한, 말을 거리낌 없이, 감히 해야 할 말을 자유롭게, 하고 싶은 말을 다하기 어렵다는 것도 아니다.
>
> ─『한비자』「세난」中

우리 각자에게는 어떤 경우에도 침해당하기를 거부하는 특정한 기본 신념이 있다.

그런 신념에 대한 반대의 목소리는 우리의 존재 가치 자체에 의문을 제기하는 일이 되므로 (강하게 거부하며) 설사 사실이라 하더라도 우리의 가치와 충돌할 경우에 거의 모든 사람들은 자신의 가치를 고수할 수 있고, 반대 증거를 수용하지 않는 방법을 찾아낸다.

— 톰 니콜스, 『전문가와 강적들(The Death of Expertise)』, 오르마, 2017

사람은 자신의 정체성이 훼손되는 정보에 분노한다. 이 같은 부정적인 감정은 사실을 받아들이지 못하도록 혼란을 가중시킨다. 사람들이 자신의 잘못된 의견을 고집하는 이유다. 설득은 지극히 감정적인 논리인 것이다.

인간은 결코 합리적이거나 이성적이지 않다.

단지 합리적이거나 이성적이려고 할 뿐이다.

최고의
비즈니스 설득

우리가 기억하는 최고의 설득은 무엇일까? 필자가 생각하는 최고의 설득러는 스티브 잡스이다. 프레젠테이션에서의 '베스트 오브 베스트'는 단연 잡스의 '아이폰' 프레젠테이션이라고 주저 없이 말한다. 프레젠테이션은 청중을 설득하기 위한 수단이다. 많은 사람들이 '아이폰'에 열광하는 이유는 최고 설득러 잡스의 영향이기도 하다. 최고의 설득러, 스티브 잡스. 그가 설득한 사례 몇 가지를 알아보자.

평생토록 설탕물만 팔면서 살고 싶으십니까?
아니면 나와 함께 세상을 바꾸고 싶으십니까?

펩시콜라의 부사장 존 스컬리는 코카콜라에 고전하던 펩시콜라를 최고의 브랜드로 성장시킨 마케팅의 귀재이다. 존은 펩시의 실세였고 거액의 연봉을 받고 있었다. 최고 인재인 존이 초기 애플로 가게 된 이유는 무엇일까? 바로 스티브 잡스의 설득이 있었다. 잡스는 뉴욕에 있는 자신의 아파트에 존을 초대한다. 잡스는 자신에 비해 나이도 많고 비즈니스계 거물인 존을 상대로 다음과 같이 말한다. "평생토록 설탕물만 팔면서 살고 싶으십니까? 아니면 나와 함께 세상을 바꾸고 싶으십니까?" 존은 자신의 가치관을 뒤흔든 젊은 사업가 잡스에게 엄청난 충격을 받고 애플에 합류하게 된다.

잡스의 프레젠테이션에는 청중의 마음을 끝까지 사로잡을 수 있는 이야기가 담겨 있다. 잡스는 발표회장에서 좌석 아래에 제품 교환권이 있다는 솔깃한 이야기로 긴장의 끈을 놓지 않도록 유도한다. 아이폰 발표 현장에서는 직접 통화를 해 다자간 통화가 가능하다는 것을 보여줬을 뿐만 아니라, 무선 인터넷을 활용해 즉석에서 스타벅스 커피를 실제로 배달시키기도 했다. 청중들에게 긴장감을 주고 발표자가 원하는 방향대로 이끄는 힘, 그것이 잡스의 프레젠테이션에 담긴 스토리이며, 비즈니스에서 최고의 설득인 것이다.

프레젠테이션이 아니라

하나의 완벽한 드라마다.

고전에서 배우는
설득

아리스토텔레스의 설득 3요소

아리스토텔레스의 '설득의 3요소'에는 에토스(화자), 파토스(감성), 로고스(논리) 3가지가 있다고 한다. 이 중 마음을 움직이는 비율을 보면 에토스가 60%, 그리고 파토스가 30%, 마지막으로 10%가 로고스이다. 즉, '스토리' 자체가 재미있고 논리적인 것도 필요하지만, '누가 그 이야기를 하느냐'가 가장 중요한 부분이라는 것이다. 즉, 내가 직접 경험하고 느낀 나의 이야기를 직접 전달할 때 스토리는 힘을 갖는다. 친구가 경험한 재미있는 이야기, 신문에서 찾은 신뢰도 높은 자료를 잘 준비하여 전달하는 것보다 '내가 나의 이야기를 하는 것'이 가장 신뢰와 설득의 효과를 높일 수 있다는 것이다.

한비자의 마음을 움직이는 설득의 3원칙

첫째. '논리보단 마음이 중요하다', 둘째. '오랜 시간 공들여라', 셋째. '역린은 절대 건드리지 마라'이다. 한비자는 중국 춘추전국시대 한나라 신하이자 법가 사상을 정립한 사상가로 인간관계에서 설득의 중요성을 강조하며 어떻게 하면 상대의 마음을 움직일 수 있는지 역설한 바 있다. 한비자가 말하는 설득이란 상대의 마음을 움직이는 것이다. 즉 대화의 기술이나 언변은 부차적일 뿐이고 가장 중요한 건 상대의 마음을 헤아려 거기에 대처하는 것이다. 마음을 다루는 문제이기에 논리보단 감성이 중요하고 그것이 중심이 될 수밖에 없다. 이 점을 놓치면 상대를 설득할 수 없다.

마음을 울리는 것은 감성과 스토리이지 논리가 아니다.

영화 속 리더십 人사이트

목숨을 걸고 열정을 불태운
두 남자의 자존심을 건 대결
영화 〈포드 V 페라리〉

〈포드 V 페라리FORD v FERRARI〉는 미국
대표 자동차 기업 '포드'와 유럽의 자존심 '페라리'가 24시간 레이스에서 자존심을 걸고 벌인 실화를 바탕으로 한 영화이다.
1960년대 매출 감소에 빠진 포드는 판매 활로를 찾기 위해 유럽의 스포츠카 레이스 절대강자 페라리와 인수 합병을 추진한다. 인수 합병의 무기는 막대한 자금력. 계약은 실패하고 엔초 페라리로부터 모욕까지 당한 헨리 포드 2세는 르망 24시간 레이스에서 페라리를 박살 낼 차를 만들 것을 지시한다.

출전 경험조차 없는 포드는 르망 24시간 레이스에서 6연패를 차지한 페라리에 대항하기 위해 르망 레이스 우승자 출신 자동차 디자이너 캐롤 셸비를 고용하고, 그는 누구와도 타협하지 않지만 열정과 실력만큼은 최고인 켄 마일스를 자신의 파트너로 영입한다. 포드의 경영진은 제멋대로인 켄 마일스를 눈엣

가시처럼 여기며 자신들의 입맛에 맞춘 레이스를 펼치기를 강요하지만 두 사람은 어떤 간섭에도 굴하지 않고 불가능을 뛰어넘기 위한 질주를 시작한다.

상대의 욕망을 자극하여
설득하라

리더 한 명만 있으면 되는데,

저 서류처럼 최소 4명의 검토를 받고 22명을 거치는 이런 방식

으로는 승리할 수 없습니다.

           셸비와 켄은 하루하루 포드 GT의 개발

에 매진한다. 양산차 만드는 방식으로는 성과가 나오지 않아

셸비의 튜닝 메이커와 켄의 컬래버레이션으로 차를 완성해 나

간다. 그 와중 포드 부회장 비비가 트랙으로 찾아와 너무 이기

적이고 어디로 튈지 몰라 혹시 회사 이미지를 망칠 수 있는 켄

을 르망 때 드라이버로 쓰지 말라고 요구한다. 셸비는 대항하

지만 어쩔 수 없이 받아들일 수밖에 없는 입장이었고 켄에게

통보하자 그는 매우 실망한다. 결국 켄 없이 참가한 레이스는

페라리가 늘 그랬던 것처럼 포디움을 휩쓸고 그 자리에 포드는

없다. 미국으로 돌아온 셸비는 헨리 포드 2세에게 불려가 해고

직전 최종 변호의 기회를 가진다. 그러자 셸비는 밖에 앉아 기

다리면서 보니 회장실로 들어오고 나가는 서류가 얼마나 많은

사람의 손을 거치는지를 느꼈다고 한다. 즉, 레이스는 사공이 많으면 절대 승리할 수 없으며 유능한 리더 한 명만 있으면 되는데, 저 서류처럼 최소 4명의 검토를 받고 22명을 거치는 이런 방식으로는 승리할 수 없다는 것이다. 또한 포드는 충분히 페라리를 몰아붙였다며, 이에 의문을 표하는 회장에게 "뮬산 스트레이트Mulsanne Straight에서 시속 350km를 넘게 달렸다. 페라리는 분명히 우리가 자신들보다 빠르다는 걸 알게 되었을 것이다. 지금 엔초는 등에서 식은땀이 날 것이다"라고 말한다. 이에 감명을 받은 회장은 "포드 모터스의 대표는 나 혼자다. 앞으로 나에게 직접 보고하라"면서 셸비에게 전권을 준다.

이 차는 아무나 운전할 수 없습니다.
완벽하게 운전하려면 완벽하게 차를 이해하는 사람이 필요합니다.

셸비는 헨리 포드 2세 회장의 약속과 달리 부사장 비비가 레이싱 부문의 총괄이사가 되었고 모든 의사결정은 비비가 하게 되기 때문에 켄이 드라이버 자격을 박탈당할 것이라는 말을 듣는다. 이에 셸비는 켄을 찾아가 알리고 켄이 해결책이 있냐고 묻자, 있기는 한데 위험부담이 너무 크다고 하니 켄은 "그렇다면 문제없다"고 답한다. 다음 날 아이아코카의 말대로 헨리 포드 2세가 비비와 함께 개러지를 기습 방문하는데, 셸비는 비비를 자기 사무실 안에 문을 잠가 가둔 후, 개발된 GT40의 조수석에 헨리 포드 2세를 태운 채 테스트 드라이브를 한다. 일반인은 감당할 수 없는 가속과 짜릿함을 맛본 헨리 포드 2세는 흐느끼며 자신의 기쁨과 감동을 표현하면서 "아버지가 생전에 이걸 타보셨어야 했다, 이 기분을 느껴보셨어야 했다"고 말한다. 이에 셸비는 기다렸다는 듯이 "이 차는 아무나 운전할 수 없다. 완벽하게 운전하려면 완벽하게 차를 이해하는 사람이 필요하다"고 슬쩍 말하고 켄을 배척하지 말라고 요청한다. 그리고 이미 비비에게 전권을 주었기 때문에 곤란하다고 말하는 헨리 포드 2세에게 "데이토나 24시에서 켄이 우승하면 르망 24시에 나가게 해달라"며, "만약 진다면 셸비 아메리칸의 모든 기술과 브랜드 가치를 포드에 넘기겠다"라고 역제안한다. 결국 헨리 포드 2세는 셸비의 제안을 승낙한다.

포드 회장은 르망 레이스에서 우승하기 위하여 아낌없이 투자하지만 우승의 장애는 내부에 있었다. 셸비는 포드가 우승하기 위해서는 새로운 시스템이 필요했고 내부자들은 새로운 시스템에 저항한다. 대표 인물이 부사장 비비이다. 셸비는 의사소통에 방해되는 원인을 파악하여 제거한다. 포드 회장과의 면담자리에서 서류가 많은 손을 거치는, 즉 사공이 많은 문제점과 내부 적의 방해를 파악하고 회장에게 직언한다. 단순한 직언이 아니고 포드 회장의 욕망인 르망 레이스에서 포드 우승에 한 발자국 더 다가갔음을 알려준다.

페라리는 분명히 우리가 자신들보다 빠르다는 걸 알게 되었을 것입니다.
지금 엔초는 등에서 식은땀이 날 것입니다.

셀비는 자신의 판단이 옳음을 증명하기 위해 내부 적의 방해를 정확히 인지하고 전략적으로 차단한다. 포드가 페라리에 위협이 된다는 사실을 객관적으로 증명하여 제시하며, 마지막으로 최고 결정자가 자신이 원하는 의사결정을 할 수 있도록 원하는 그림을 그려주었다.

셀비는 헨리 포드 2세의 욕망을 정확하게 알고 있었다. 그래서 자신이 직접 만든 레이스카에 회장과 함께 앉아 최고의 속도로 레이싱하며 욕망을 짜릿하게 자극한 것이다. 드라이빙이 멈추었을 때 헨리 포드 2세는 돌아가신 아버지를 회상하며 자신과 아버지의 꿈이 이루어질 수 있음을 감격스러워한다. 결국 헨리 포드 2세가 셸비에게 전권을 주는 순간이다.

아버지가 생전에 이걸 타보셨어야 했어.
이 기분을 느껴보셨어야 했어.

설득에 방해가 되는 요소를 차단하고, 사실을 객관적으로 증명하라.
이것보다 더 중요한 것은 상대가 원하는 그림을 그려주는 것이다.

세상의 편견에 맞선 용기 있는
그녀들의 이야기
영화 〈히든 피겨스〉

모든 변화는 저항을 받는다. 특히 시작할 때는 더욱 그렇다.

— 앤드류 매튜스

영화 〈히든 피겨스Hidden Figures〉는 NASA 에서 최초로 일한 세 명의 여성, 즉 천부적인 수학 능력의 흑인 여성 캐서린 존슨, NASA 흑인 여성들의 리더이자 프로그래 머 도로시 본, 흑인 여성 최초의 NASA 엔지니어를 꿈꾸는 메 리 잭슨의 '우주보다 빛나는 천재들의 실화'를 이야기한다. 미 국과 러시아의 치열한 우주 개발 경쟁으로 보이지 않는 전쟁 이 벌어지고 있던 시절, 천부적인 두뇌와 재능을 가진 그녀들 이 NASA 최초의 우주궤도 비행 프로젝트에 선발된다. 하지 만, 흑인이라는 이유로 800m 떨어진 유색인종 전용 화장실을 사용해야 하고, 여자라는 이유로 중요한 회의에 참석할 수 없 으며, 공용 커피포트조차 용납되지 않는 따가운 시선에 점점 지쳐 간다. 한편, 우주궤도 비행 프로젝트는 난항을 겪게 되고, 해결방법은 오직 하나, 비전을 제시할 수 있는 새로운 수학 공 식을 찾아내는 것뿐인데….

스토리로 말하라

뛰어난 수학자로서 NASA에 입사한 메리 잭슨은 탁월한 엔지니어링 기술을 인정받아 카지미에시 크자르네키의 권유로 엔지니어가 되기 위한 공부를 시작한다. 당시 NASA에서는 엔지니어가 되기 위한 필수 조건으로 백인들만 입학 가능한 고등학교 수업 이수를 내세울 정도로, 남녀 불문 흑인이 엔지니어가 되는 것은 상상할 수 없을 정도였다. 그러나 강인한 의지와 끈기를 가진 그녀는 고등학교 입학을 허락해달라는 청원을 법원에 내고, 긴 싸움 끝에 흑인 최초의 백인 전문학교 입학생이자 흑인 여성 엔지니어로 성공하며 새로운 역사를 만들어 냈다.

메리는 부당한 일을 당하면서도 좌절하지 않고 자신의 능력을 개척한다. 흑인에게 수강이 금지된 버지니아주의 고등학교 물리 수업을 듣게 해달라는 소송을 내면서 판사를 설득하는 장면은 깊은 메시지를 준다.

판사님이 오늘 맡은 사건 중 100년 후 이 나라를 바꿀 결정이 있습니다.

판사님이 결정하면 저는 최초의 흑인 여성 엔지니어가 될 수 있습니다.

판사님의 이름 역시 역사에 기록될 것입니다.

최초로 남을 이 기회를 놓치지 마시기 바랍니다.

재판장에서 잭슨의 말투는 단호하며 부드럽다. 흑인으로 차별받는 자신이 억울하며 불리하지만 그녀는 이성적으로 판사에게 호소한다. 현명하게 판사를 치켜세우면서 스토리텔링으로 최초의 판사가 될 수 있는 기회를 제안하며 설득한다. 당연하다고 여겨지는 잘못된 것에 전례가 없다는 이유만으로 포기하는 것이 아니라 전례가 없다면 역사에 남을 최초가 되라는 중요한 메시지를 전해 판사를 설득한다. 자신의 제안이 나를 위함만이 아닌 상대에게도 도움이 될 수 있는 전략적 설득인 것이다. 그녀의 제안은 판사의 기분을 유쾌하게 만들었다. 결국 그녀는 '흑인은 엔지니어가 될 수 없다'는 단단한 차별의 벽을 뚫고 최초의 흑인 여성 엔지니어가 된다.

설득하고 싶다면 스토리로 이야기하라.

스토리는 사람을 감동시킨다.

리더십 人사이트

설명

보다

설득

모든 위대한 리더는
위대한 이야기꾼이다.

Leadership

리더의 소통

_ 끌리는 리더의 맛있는
커뮤니케이션

커뮤니케이션에서 제일 중요한 것은

상대방이 말하지 않는 소리를 듣는 것이다.

— 피터 드러커

커뮤니케이션
혁명이 일어나다

코로나는 우리의 일상뿐만 아니라 가
치관, 관계, 사회에서도 막대한 영향을 미치고 있다. 많은 전문
가들이 포스트 코로나 시대에 있을 많은 변화를 예고하고 있고
우리는 현실과 마주하고 있다. 전례 없는 변화의 시기, 뉴 노멀
(New Normal, 새로운 가치)의 시대가 오고 있다. 뉴 노멀이란 시
대 상황 변화에 따라 과거의 표준이 더 이상 통하지 않고 새로
운 가치 표준이 세상 변화를 주도하는 상태이다. 코로나로 인
한 변화의 중심에는 커뮤니케이션이 있다. 모든 일상에서 '비
대면 커뮤니케이션'이 중심이 되었다. 코로나가 촉발한 뉴 노
멀 시대의 커뮤니케이션 혁명인 것이다.

뉴 노멀 New Normal **시대,**

인간이 관계 맺는 방식의 전면적 변화는

거대한 커뮤니케이션 혁명 때문이다.

뉴 노멀 시대의
커뮤니케이션

스마트폰 등장은 라이프스타일에 혁명적인 변화를 일으켰으며, 조직사회에도 큰 변화를 가지고 왔다. 사람들은 이제 스마트폰 없이 살아가기 어려운 시대를 살고 있고, 이 같은 시대에 '포노 사피엔스'라는 신인류의 라이프스타일에 급격한 변화가 시작됐다. '포노 사피엔스'로 비유되는 'MZ(밀레니얼, 제트)세대'가 사회 전면에 등장함에 따라 커뮤니케이션 방식도 변화한다. '세대별 커뮤니케이션에 이용하는 소셜미디어 보고서(시빅사이언스, 2017)'에 따르면, MZ세대는 커뮤니케이션 미디어로 전화를 사용하는 비율이 22%로 X세대 36%와 베이비붐세대 53%에 비해 확연하게 낮았다. 반면 모바일 메시지와 앱, 소셜미디어 사용 비율은 2배가 넘을 정도로 매우 높게 나타났다. 우리는 이미 코로나 이전부터 비대면 커뮤니케이션 시대로 전환하고 있었다. 커뮤니케이션 방식의 변화는 사내 메신저, 포털 등 SNS를 통한 커뮤니케이션의 편리함을 직접 경험하였기 때문이다. 포스트 코로나와 뉴 노멀 시대 도래로 기업에서는 화상회의와 온라인 교육 도입 등 한층 활성화된 '비대면 커뮤니케이션 시대'로 진입하였다. SNS에 익숙하고 거리두기를 좋아하는 MZ세대는 '비대면 커뮤니케이션'을 더욱 가속화할 것이다.

시대의 변화와 개인주의 성향이

비대면 커뮤니케이션을 더욱 가속화할 것이다.

이미지 커뮤니케이션 시대

MZ세대의 등장은 커뮤니케이션 방식을 바꾸었다. 대면 중심에서 비대면 중심으로, 텍스트 중심에서 이미지 중심으로 변화했다. '이미지 커뮤니케이션' 중심에는 '이모티콘'이 있다. 한국갤럽 2017년 8월 조사에 따르면, 국내 성인 10명 중 9명이 스마트폰을 사용하는 요즘, 이모티콘이 대세 커뮤니케이션 수단으로 사용되고 있다. 과거 이모티콘이 커뮤니케이션을 부드럽게 해주는 추임새나 윤활유 같은 역할을 했다면, 이제는 커뮤니케이션의 주요 내용을 전달하고 사용자의 감정과 상황을 온전히 표현한다. 글로는 표현할 수 없는 비언어적인 메시지를 보다 구체적으로 전달하는 도구인 것이다. 채팅창에서 개인의 생각과 감정, 상황을 표현하는 수단으로 사용되는 이모티콘으로, 최근엔 한 글자도 쓰지 않고 이모티콘으로만 대화를 하는 일명 '이모티콘족(族)'도 등장했다.

가수 아이유의 노래 〈Blueming〉 가사는 MZ세대들이 어떤 방식으로 소통하는지를 노래에 고스란히 담고 있다. 아래 가사 중 '우리의 네모 칸은 bloom'의 의미를 이해하는가? 아이폰 메시지에서는 상대방의 메시지는 회색으로 자신의 메시지는 블루로 보인다. 아이유의 〈Blueming〉은 MZ세대들이 모바일에서 텍스트보다 '이모티콘'을 활용하여 자신들의 감정을 사람들과 커뮤니케이션하고 있음을 알 수 있다. '이모티콘' 안에는 그들의 감정과 하고 싶은 이야기가 압축되어 담겨 있다.

'뭐해?'라는 두 글자에
'네가 보고 싶어' 나의속마음을 담아
이모티콘 하나하나 속에
달라지는 내 미묘한 심리를 알까

우리의 네모 칸은 bloom
엄지손가락으로 장미꽃을 피워
향기에 취할 것 같아
오직 둘만의 비밀의 정원

— 아이유, 〈Blueming〉(2019) 中

리더들이여, 디지털 캔버스에 이미지를 커뮤니케이션하라.

디지털 커뮤니케이션
툴을 활용하라

코로나가 가져온 변화 중 조직에 가장 큰 변화는 재택근무의 시도이다. 코로나로 재택근무가 장기화되면서 비대면 협업에 필요한 커뮤니케이션의 중요성이 부각되었다. 국내에서는 아직 메신저형 위주로 사용하고 있지만 실리콘밸리에서는 노션, 슬라이트 같은 원페이지 협업 툴이나 클릭업 같은 올인원 협업 툴이 인기를 끌고 있다. 디지털 커뮤니케이션 툴Digital Communication Tool을 효과적으로 활용하여 업무 생산성을 올릴 수 있다. 최근 가장 주목받는 디지털 커뮤니케이션 툴을 활용한다면 업무의 성과도 올리고 직원들에게 트렌디한 리더로 보이게 될 것이다. 엄지척 리더가 되기 위한 '디지털 커뮤니케이션 툴'을 몇 가지 소개하겠다.

소통에 최적화된 메신저, 슬랙

화상회의 솔루션, 줌

채팅 기반의 협업 도구, 팀즈

스케줄링 툴, 캘린들리

업무 관리 툴, 트렐로

원페이지 협업 툴, 슬라이트

데이터 연동 올인원 툴, 클릭업

딥워크 협업 툴, 콜라비

리더는 다양한 커뮤니케이션 무기로 효율을 높인다.

영화 속 리더십 人사이트

다른 언어를 이해하는 방법
영화 〈컨택트〉

> 언어는 문명의 시초야.
>
> 사람들을 하나로 만들어 주고,
>
> 싸움이나 분쟁에서 처음 사용된 무기이기도 하지.

　　　　　　어느 날 갑자기 찾아온 12개의 쉘은 미국, 중국, 러시아를 비롯한 세계 각지 상공에 등장했다. 웨버 대령은 언어학 전문가 루이스와 과학자 이안을 통해 쉘과 접촉하기 시작한다. 두 사람은 18시간마다 아래쪽에서 문이 열리는 쉘 내부로 진입해 정체 모를 생명체와 마주하게 되고, 이들은 15시간 내 그들이 지구에 온 이유를 밝혀내야 한다. 영화 〈컨택트Arrival〉는 15시간 내에 외계인이 지구에 온 이유를 밝혀야 한다는 설정과 자신만의 방식으로 그들과 소통하려는 루이스의 모습을 보여주고 있다. 루이스는 외계 생명체 언어를 이해하려고 하지만, 소리 언어에서는 어떤 패턴도 발견하지 못한다. 그들은 문자로 소통한다는 것을 알게 되고 서로의 언어를 배운다. 언어에 따라 사고하는 방법도 다르다는 어떤 학자의 가설이 복선이 되고, 루이스는 외계 생명체의 방식으로 사고하게 된다. 외계 생명체가 3년 후 인간에게 도움을 받기 위해 현재 지구에 온 것처럼, 루이스 또한 미래의 자신과 자신을 구성하고 있는 모든 것으로부터 도움을 받는다.

영화 〈컨택트〉는 외계인의 지구 침공에 초점이 맞춰진 영화가 아닌 외계 생명체와 루이스의 소통에 초점을 맞췄다. 영화에서는 언어가 다른 '단절'로 인한 소통의 어려움을 통해 인간 vs 외계 생명체, 국가 vs 국가, 인간 vs 인간의 갈등을 그리고 있다. 언어로 시작하는 단절과 오해는 각 상황에서 갈등을 일으킨다. 우리는 같은 조직에서 생활하고 있지만 영화에서의 외계 생명체와 인간의 언어처럼 서로 다른 언어를 사용하고 있다. 가치관, 세대, 성별, 인생 등 자신을 둘러싼 모든 경험에 따라 각자 다른 언어를 사용하고 있는 것이다. 그렇다면 우리는 언어의 차이를 무엇으로 극복해야 할까? 그 차이를 극복하는 열쇠는 무엇일까? 영화에서는 루이스를 통해 차이를 극복하는 커뮤니케이션 방법에 대해서 지혜를 빌려보자.

매개체를 활용해
소통하라

루이스와 이안은 외계 생명체가 지구에 온 목적을 알아내기 위해서 거대한 쉘 안으로 들어간다. 적막하게 어두운 공간에 끝을 알 수 없는 터널을 지난 그들을 유리벽이 가로막고 있다. 외계 생명체와의 첫 만남에서 루이스와 이안은 공포에 사로잡힌다. 외계 생명체를 만나러 가는 동안 펼쳐지는 캄캄하고 적막한 공간, 각진 프레임과 무채색 이미지, 새로운 물리 법칙이 존재하는 공간은 낯선 두려움을 보여준다. 루이스는 대화를 위해 인간의 언어를 가르치려 하고 외계 생명체는 자신의 이름을 알려준다.

영화에서 가장 중요한 것은 언어학자 루이스의 소통에 대한 자세이다. 루이스는 생전 처음 만난 외계 생명체 앞에서 그 누구도 시도하지 않았던 소통을 시도한다. 소통의 매개체로 '새'를 활용한 것이다. 우리의 현실 대화에 있어서 소통 매개체는 매우 중요하다. 예를 들어 공간, 음악, 환경 등은 상대와의 커뮤니케이션에 있어서 중요한 보조장치가 된다. 소통 매개체를 적극 활용하여 리듬 있는 커뮤니케이션을 하기 바란다.

소통 매개체는 커뮤니케이션에 '숨'을 불어넣는다.

벽을 부수고
먼저 다가가라

영화에서 가장 인상 깊은 부분은 루이스가 외계 생명체와의 대화를 위해 먼저 '나'를 보이고 다가갔다는 점이었다. 루이스는 과학자 이안과 함께 군인들과 방호복을 갖추고 쉘 안에 들어간다. 그들은 우주선 안 투명한 격벽 너머에서 나타나는 두 명의 외계인을 만나게 된다. 마치 7개의 다리를 가지고 있는 문어같이 생긴 그들의 외형에 착안해 그들에게 헵타포드heptapod라는 명칭을 붙인다. 외계 생명체에게 가기까지 루이스는 외계인들과 소통하기 위해서는 그들에게 인간의 언어와 문자를 더 많이 알려줘야 한다고 생각하고, 좀 더 적극적으로 단어들을 보여줘야 한다고 주장한다.

다시 쉘 안으로 들어갔을 때 루이스는 외계 생명체들과 적극적인 소통을 하기 위하여 외계 생명체들에게 접근하는 것을 만류하는 동료들을 뿌리치고 투명격벽에 가까이 다가갔으며, 보호장비를 벗어버린 후 그들에게 가까이 접근한다. 루이스는 화이트보드에 자신의 이름 'LOUISE'를 적어서 보여준다. 루이스는 단절을 상징하는 우주복을 벗어던지고 외계인의 벽 안까지 들어간다. 두려움을 넘어 자신을 먼저 보여줌으로써 상대의 마음을 열게 하는 것이다.

이게 제대로 된 자기소개지.

커뮤니케이션의 시작은 편견과 오해의 벽을 부수고

나를 먼저 보여주는 것이다.

두려운 감정에
존중을 입혀라

이안은 두 명의 외계인에게 각각 '애벗 Abbott', '코스텔로Costello'라는 이름을 붙인다. 루이스와 이안은 매일 쉘에 방문해 필담의 형식으로 외계인들에게 인간의 언어와 문자를 알려주고, 이를 통해 외계인들이 사용하는 기초적인 어휘부터 배우기 시작한다. 외계인의 문자에 대한 데이터가 쌓여감에 따라, 외계인의 문자를 카메라로 스캔하면 컴퓨터로 바로 번역이 가능할 정도 수준에 도달하게 된다. 루이스와 이안 두 사람은 외계 생명체에게 각각 이름을 지어준다. 이름을 지어준다는 것은 상대에 대한 존중과 대화 대상으로서의 인정을 포함한다. 미지의 상대에 대한 작명과 호칭은 커뮤니케이션을 더 활성화하는 윤활유 역할을 한다.

애벗과 코스텔로가 어떨까?

커뮤니케이션은 상대에 대한 존중에서 비롯된다.

진심은 마음을 연다

　　　　　마침내 루이스의 팀은 외계인들에게 왜 이곳에 왔는지 질문한다. 그들의 대답은 '무기를 주다'였다. 비슷한 시점에 다른 지역에서도 외계인으로부터 유사한 대답("Use Weapon", 무기를 쓰다)을 얻게 되고 사람들은 혼란에 빠진다. 시간을 직선적인 흐름으로 인식하는 인간과 달리 헵타포드 외계인들은 과거, 현재, 미래를 전부 동등하게 인지하는 종족이었고, 루이스는 그들의 문자를 배워 사고가 헵타포드처럼 변형되었기 때문에 마찬가지로 자신의 미래를 알 수 있게 되었던 것이다. 코스텔로는 지금은 그들이 인류를 돕는 것이고, 3000년 뒤에는 그들이 인류로부터 도움이 필요할 것이라고 설명한다. 외계 생명체와 대치하던 중국과 몇 나라들은 루이스의 설득으로 대치를 접는다. 18개월 후 중국의 인민해방군 생 장군은 루이스에게 감사를 전한다. 루이스의 소통에 대한 노력과 진심이 외계 생명체와 인류를 위협에서 구하게 된다.

　　영화 〈컨택트〉는 SF 영화이자만 소통의 관점에서 보며 우리의 삶과 매우 닮아 있다. 우리는 낯선 환경과 조직, 사람들에게 노출되었을 때 위축된다. 리더는 그 낯섦을 조금씩 해체해 구성원들에게 편안함을 제공해야 한다. 처음 리더가 된 당신이 처음 만난 낯섦을 열어가는 방법을 〈컨택트〉를 통해 바라보기를 바란다.

당신이 내 마음을 움직였소.

커뮤니케이션은 언어가 아니라 공감이다.

특별함을 위대함으로 바꾼 이야기
영화 〈보헤미안 랩소디〉

나는 스타가 되지 않을 것이다.
전설이 될 것이다.

공항에서 수하물 노동자로 일하며 음악의 꿈을 키우던 이민자 출신의 아웃사이더 파록버사라, 보컬을 구하던 로컬 밴드에 들어가면서 프레디 머큐리라는 이름으로 밴드 '퀸'을 이끌게 된다. 시대를 앞서가는 독창적인 음악과 화려한 퍼포먼스로 관중들을 사로잡으며 성장하던 '퀸'은 라디오와 방송에서 외면을 받을 것이라는 음반사의 반대에도 불구하고 무려 6분 동안 이어지는 실험적인 곡 〈보헤미안 랩소디 Bohemian Rhapsody〉로 대성공을 거두며 월드스타 반열에 오른다. 그러나 독보적인 존재감을 뿜어내던 프레디 머큐리는 솔로 데뷔라는 유혹에 흔들리고 결국 오랜 시간 함께해왔던 멤버들과 결별을 선언하게 된다. 세상에서 소외된 아웃사이더에서 전설의 록밴드 '퀸'이 되기까지 카리스마 리더 프레디 머큐리의 커뮤니케이션을 만나보자.

리더가 나서라

관객들도 함께할 수 있는 곡을 만들어 관객을 우리 밴드의 일부로 만들어보려고.
상상해봐, 수천 명의 사람이 함께하는 거야.

연습실에서 홀로 생각에 잠겨 있던 기타리스트 브라이언 메이는 밴드 멤버와 아내들을 연습실 중앙으로 모이게 한다. 지난 콘서트에서 관객들이 노래를 따라 부르던 모습에 전율을 느낀 브라이언은 관객과 함께 즐길 수 있는 곡을 만들고 싶어 한다. "관객들은 우리 일부야. 관중을 몰입시킬 좋은 방법이 있어." 브라이언은 멤버와 아내들에게 한 발로 바닥을 두 번 구르며 세 번째 비트에 손뼉을 치게 한다. 멤버와 아내들은 브라이언의 주문에 따라 발과 손을 구르고 간단하지만 멋진 리듬이 완성된다. 이를 지켜보던 프레디는 "왜 악기를 넣지 않았는지 설명해줄래?"라며 브라이언에게 묻는다. "관객도 함께할 수 있는 곡을 만들어 보려고, 관객을 우리 일부로 만드는 거지. 관객이 연주해 줄 거야." 바로 콘서트장을 드럼 비트로 울리는 〈We Will Rock You〉가 탄생하는 순간이다.

　독립적이고 개성이 강한 프레디이지만 음악 작업에 있어서는 열정을 다한다. 밴드 멤버와 격하게 토론도 하고 밴드 멤버들 또한 자유로운 분위기에서 자신들의 음악에 대한 의견을 나눈다. 프레디는 밴드 멤버인 브라이언의 놀라운 상상력을 칭찬하며 인정한다. 즉석에서의 대화와 아이디어는 명곡 〈We Will Rock You〉를 만들어 낸다. 조직에서 커뮤니케이션이 활성화되려면 구성원들 간에 편하게 대화를 주고받을 수 있는 분위기가 조성되어야 한다. 자신의 견해를 주저 없이 표현하는 것부터 자연스러워야 한다. 자연스러운 대화는 리더와 구성원들이 편안한 관계일 때 가능하다. 리더의 편안하고 유연한 태도가 구성원들의 진심 어린 대화를 이끌어 낸다.

　왜 악기를 넣지 않았는지 설명해줄래?

'불편한' 리더는 '입'을 닫게 만들고
'성숙한' 리더는 멋진 하모니를 만든다.

솔직한 모습을 보여라

밴드에서 독보적인 프레디는 솔로 독립을 권하는 제안을 받는다. 영국의 두 번째 여왕으로 인기가 하늘 같은 프레디에게 음반사에서는 막대한 자금으로 유혹하고, 매니저의 이간질로 프레디는 밴드를 떠나게 된다. 독립하여 솔로 음반을 준비하던 프레디는 약물 복용과 에이즈로 점점 걷잡을 수 없는 몸상태로 악화되고, 밴드 멤버들과 함께 있어 자신이 돋보였음을 깨닫고 다시 밴드로 돌아가기를 원한다. 프레디는 음반사 대표에게 밴드로 복귀할 수 있도록 밴드 멤버들과 자리를 마련해 줄 것을 요청하고 자신의 잘못에 대한 용서를 구한다.

사람들은 자신의 실수나 잘못이 드러나는 것을 원하지 않는다. 조직을 이끄는 리더에게 실수는 큰 타격이 될 수 있다. 처음 리더를 맡은 당신에게는 아마도 많은 실수들이 기다리고 있을 것이다. 한가득한 의욕으로 조직을 이끄는 신임 리더는 실수가 권위에 끼칠 상처가 두려워 인정하지 않을 수 있다. 리더가 실수와 잘못을 감추는 것은 여름에 찾아오는 익숙한 곰팡

이와 같다. 보이지 않는 곳곳에서 천천히 병들게 할 것이다. 리더는 신뢰를 바탕으로 존중되어야 한다. 한순간의 잘못으로 리더십에 균열이 생기고 사람들은 험담과 함께 당신을 따르지 않을 것이다. 실수가 있었다면 용기 내 멋지게 사과하자. 과오를 인정한 리더에게 돌아오는 것은 화합이다. 퀸이 화합했던 것처럼….

미안해. 자만했고, 이기적이었어.

나에게 너희가 필요해. 그리고 너희에게도 내가 필요해.

솔직함은 리더의 매력을 돋보이게 하고

솔직함은 리더십을 견고하게 만든다.

리더십 人사이트

"힘들 땐 나한테 기대, 토닥토닥"

"함께여서 힘이 나, 역시~ 당신!"

"언제나 널 응원해, 파이팅!!"

"정말 너무 훌륭해, 대단한 너!"

"아자아자 힘내! 내 마음이야~"

"오늘 일을 내일로 미루자, 인생 뭐 있어~"

"웃어봐, 다 잘 될 거야, 긍정의 힘을 믿어봐."

'고마움'과 '예쁨'의 언어는 전염된다.

리더의 커뮤니케이션은 전염병이어야 한다.

'고마움'과 '예쁨'을 널리 널리 퍼트려야 한다.

Leadership

리더의 의사결정

_ 선택을 선택하라

의사결정은 판단이다. 그것은 몇 가지 대안 가운데
하나를 선택하는 것이다.
의사결정이 올바른 것과 틀린 것 중 고르는 경우는 거의 없다.
그것은 종종 어느 쪽도 다른 쪽보다 더 낫다고 말할 수 없는
두 가지 실천 방향 중의 선택일 것이다.

— 피터 드러커

어떤 선택을
할 것인가

내가 죽은 다음에 내 집을 줄 테니
내가 살아 있는 동안 매달 50만 원을 주시오.

　　　　　　　　90살 할머니가 자신이 살아 있는 동안 매달 50만 원을 주면 죽은 다음 살던 집을 주겠다고 제안한다. 집값은 1억 원이다. 당신에게 이런 제안을 한다면 어떻게 할 것인가? 이 제안은 실제 있었던 사례이다. 1960년대 중반에 프랑스에 사는 잔 칼망Jeanne Calment 할머니가 동네 변호사에게 제안했던 내용이다. 당시 잔 칼망 할머니 나이는 90세였고, 변호사 나이는 47세였다. 계약 조건은 두 사람 모두를 만족시킨다. 소득이 없는 잔 칼망 할머니는 매달 연금처럼 현금을 받을 수 있고, 변호사는 투자 대비 저렴하게 집을 소유할 수 있기 때문이다. '살면 얼마나 더 사시겠는가 … 길어봐야 몇 년'이라고 생각한 변호사는 자신이 이득이라고 생각하고 할머니와 계약을 한다.

결과는 어떻게 되었을까? 누가 봐도 변호사에게 유리할 것 같은 계약은 보기 좋게 빗나갔다. 잔 칼망 할머니는 변호사로부터 매달 50만 원을 받는다. 계약 체결 후 30년이 지났고, 동네 변호사는 77세로 사망했지만 잔 칼망 할머니는 그때까지도 생존해 있었다. 변호사 사망 후 2년을 더 사신 할머니는 1997년 122세 나이로 사망하고, 잔 칼망 할머니는 세계최장수 기네스북에 오른다. 변호사의 의사결정이 틀렸던 것일까? 변호사 입장에서는 합리적인 선택을 했을 것이다. 잔 칼망 할머니가 122세까지 생존하실 거라는 예상을 누가 할 수 있었을까?

의사결정은 '올바른 것'과 '틀린 것'을 선택하는 것이 아니다.

선택을 선택하는 것이다.

의사결정이
어려운 이유

리더 역할은 경영활동, 조직관리, 사람 관리 등 의사결정의 연속이다. 리더의 의사결정에 따라 조직의 명운이 좌우되기도 한다. 최근 코로나 팬데믹 위기에 따른 각 국 정상들의 의사결정이 나라와 국민에게 어떠한 영향을 미치는지 우리는 실시간으로 확인할 수 있었다. 리더는 이렇듯 위기가 닥칠 때마다 의사결정을 해야 하지만 결코 만만한 일이 아니다. 리더는 의사결정에 있어서 정답을 찾고 있지만 정답이란 있을 수 없다. 리더는 자신의 역량을 총동원하여 선택을 하는 것이다. 그렇다면 의사결정은 왜 어려운 것일까? 의사결정의 어려운 점은 '불확실성' 때문이다. 변수와 결과가 종종 불확실하기 때문이다. 우리는 불확실성을 좋아하지 않는다. 불확실성으로 인해 불편함과 분석 마비가 발생한다. 리더는 불확실성을 완화하기 위해 모든 각도에서 상황을 분석하려고 애쓴다. 하지만, 이러한 노력은 종종 헛된 결과를 갖게 한다. 소중한 시간과 에너지를 낭비함으로써 불확실성에 직면하여 결정을 내려야 하기 때문이다.

리더가 의사결정을 내리는 과정 중 중요한 실수는 무엇일까? 의사결정에 필요한 옵션을 많이 제공하는 것이다. 의사결정에 필요한 옵션이란 시장의 사례, 연구 자료, 지표 등을 말한다. 리더는 많은 대안을 고려하면 더 나은 선택을 할 수 있고 최선의 결정을 내릴 수 있을 것이라고 생각한다. 그렇다고 해서 결정을 내리기 전에 상황을 분석하지 않아도 된다는 의미는 아니다. 상황에서 최선의 결정을 내리는 데 필요한 정보를 제공하는 데 다양한 분석이 도움이 될 수 있다. 열쇠는 자신이 모르는 것이 언제 중요한지 아는 것이다, 불확실성을 해결하기 위해 필요한 정보를 수집하는 방법을 알아야 한다. 리더가 모르는 것이 중요하지 않다면, 다음 단계는 불확실성을 받아들이고 그럼에도 불구하고 진행하는 것이다. 분석에 갇히거나 너무 많은 시간과 다른 자원을 투자하는 경우, 해결하려는 불확실성이 진정으로 해결 가능한지 자문해 보자.

불확실성의 두려움을 떨치기 위해서는

불확실성을 받아들이고 나아가는 것이 가장 좋은 방법이다.

선택을 선택하라

의사결정은 연습이 필요하다. 의사결정 과정에는 불편함을 인정하는 어느 정도의 편안함이 필요하다. 많은 리더들이 잘못된 의사결정을 두려워한다. 리더는 종종 불확실성으로 마비되고 심지어 관련이 없는 것에 근거하여 의사결정을 내리기도 한다. 의사결정은 당시 리더가 이용할 수 있는 정보만으로 최선을 다할 수 있다. '옳고', '틀린' 대답은 없다. 그러나 최악의 시나리오에서는 잘못된 옵션을 선택한다. 단기적으로 열등한 옵션을 선택하더라도 결과를 해결하고 과정에서 경험이 좋은 결과로 최대한 활용할 수 있다. 잘못된 선택의 길을 가더라도 예상치 못한 기회를 찾을 수도 있는 것이다. 그러니 두려워하지 말자. 스스로 의사결정을 하기 전에 확실성을 찾으려고 노력하는 것에 의문을 제기해 보자. 불확실성을 해결하지 않고 불확실성을 수용하는 것은 의사결정에 결정적인 출발점이다. 불확실성의 수용은 의사결정에서 장애물을 제거하고 선택에 집중하게 할 수 있다. 훌륭한 리더들은 종종 자신의 직감으로 결정을 내린다고 말한다. 그들은 자신과 자신의 전문 지식을 신뢰할 수 있으며 지나치게 생각하는 과정에

영화로 만나는 10가지 리더십 人사이트

갇히지 않는다.

저 같은 칼잡이들은 찰나에 결정을 내려야 합니다.

어떤 결정이냐는 중요하지 않습니다.

그 결정을 믿는 것이 중요합니다.

내 공격이, 내 방어가 반드시 들어갈 것이라는 믿음 말입니다.

그 믿음이 틀리면 반드시 죽습니다.

— SBS〈육룡이 나르샤〉, '정도전과 이방지의 대화' 中

불확실성을 피할 길은 없다.

자신을 믿고 선택을 선택하자.

영화 속 리더십 人사이트

열린 의사결정 vs 독단적 의사결정
영화 〈미드웨이〉

진주만은 역사상 가장 처참한 정보전의 패배입니다.

미국 역사상 가장 처참했던 정보전의 패배로 기억되는 1941년 진주만 공습 이후, 전 세계를 향한 일본의 야욕이 거세지고, 역사상 최대 규모의 미국 본토 공격을 계획한다. 영화 〈미드웨이Midway〉는 1942년 6월 4일 태평양의 전략 요충지인 미드웨이 섬을 지키고 미국이 전쟁의 주도권을 가져와 태평양 전쟁의 판도를 바꾼 '미드웨이 해전'을 다룬 작품이다. 1941년 12월 7일, 일본 해군은 진주만에 위치한 미국 태평양 함대를 기습 공격한다. 미국은 전쟁을 선포하고 전열을 정비하여 반격에 나선다. 니미츠 제독이 태평양 함대 사령관으로 오게 되고, 정보장교인 레이튼은 일본의 다음 공격 목표를 알아내기 위해 노력한다. 일본의 다음 공격 목표를 뜻하는 AF가 미드웨이라는 것을 알아내고, 3척의 항공모함을 미드웨이로 이동시켜 공격을 준비한다. 정부는 이것이 잘못된 정보라

판단하지만, 니미츠 대령은 레이튼을 믿고 미드웨이 해전을 준비한다. 1942년 6월 4일 일본 해군 함대는 미드웨이를 공격하고, 미드웨이 인근에서 대기 중이던 항모에서 전투기가 출격하여 일본 함대를 공격함으로써 승리하게 된다.

열린 의사결정의 힘
미드웨이 해전을 승리로 이끈
니미치 제독의 열린 의사결정

워싱턴이 틀린 겁니다. vs 우리 작전을 눈치챌 리 없잖아.

일본의 진주만 습격으로 패전 위기에 몰린 미국은 니미치를 해군 제독에 임명한다. 미국의 태평양함대 사령부는 일본의 다음 타깃이 어디일지를 두고 혼란에 빠진다. 레이튼은 로슈포르가 이끄는 암호해석 팀의 정보를 토대로 미드웨이가 타깃이라고 주장했지만, 워싱턴에서는 남태평양 일대가 다음 타깃일 것이라고 주장한다. 레이튼을 신뢰하지만, 정부의 주장을 무시할 수 없었던 니미츠는 레이튼에게 어떻게든 확실한 증거를 찾을 수 있도록 주문한다.

일본 역시 결전 준비에 한창이다. 함대에서는 장교와 참모가 모여 도상연습을 하며 미국의 전략을 시뮬레이션하고 있다. 도상연습에서 미군을 맡은 부하 참모가 항모기동부대를 미리 출항시킨 후 일본 함대를 기습해서 나구모에게 큰 피해를 입힌다. 이 도상연습 시나리오는 실제로 일어났다. 전략 시뮬레이션에서 큰 문제가 발견된 것이다. 하지만 나구모는 "미군이 우리의 작전을 눈치챌 리 없다"라며 큰소리로 부하에게 면박을 준다. 야마모토는 나구모의 의견을 받아들여 미드웨이 공략 이후에나 미군이 진주만에서 출항하는 것으로 도상연습을 하라고 지시한다.

영화 〈미드웨이〉에서 미국 해군 제독 니미츠의 열린 리더십을 주목할 필요가 있다. 니미츠는 상급자뿐만 아니라 부하들의 생각도 서슴없이 경청한다. 진주만의 사령부로 부임하던 니미츠는 술에 취한 채 우리 언제 일본군을 치러 가냐며 소리를 치는 장교를 본다. 니미츠는 아직 투지 있는 군인들이 남아 있다며 긍정적으로 생각한다. 미드웨이 해군에 절대적으로 큰 역할을 한 사람이 레이튼 소령이다. 레이튼 소령은 사령부에 도착한 니미츠를 찾아와 정보전 실패의 책임으로 일선 구축함 발령을 요청한다, 레이튼의 이야기를 사전에 들었던 니미츠는 "앞으로 자네는 야마모토가 되어 그가 할 행위를 예측하라"는 지시를 내린다. 레이튼은 암호해독가 로슈포드의 재능을 알아보고 니미츠 제독과 연결하여 미드웨이 해전을 승리로 이끄는 역할을 한다. 일본의 다음 타깃을 분석하던 미국은 두 가지 암호해독을 내놓는다. 조셉 로슈포드가 내놓은 암호해독은 '미드웨이'이며, 워싱턴 정보부는 '피지, 뉴칼레도니아'로 가고 있다고 해독한다. 암호해독 장교 로슈포드의 암호해독 방법은, 일본에서의 경험을 바탕으로 단어보다는 전체 대화의 분위기와 문맥이 더 중요하다고 해석한 것이다. 일본 생활을 경험한 레이튼 역시 로슈포드의 의견에 힘을 보태며 일본의 다음 타깃이 미드웨이라 니미츠에게 제언한다. 니미츠 제독은 두 가지 의견 중 의사결정을 해야 한다. 니미츠 제독은 군 상부인 워싱턴 정보부에서 제공한 정보보다 오랜 기간 일본에서의 경험이 있는 로슈포드와 레이튼의 결정을 수용하여 미드웨이로 출전하고, 승리를 거둔다.

앞으로 자네는 야마모토가 되어 그가 할 행위를 예측하게.

반면, 일본 해군 사령관 이소로쿠는 도상연습에서 발견한 전략 오류와 참모들의 반대에도 불구하고 독단적으로 결정한다. 진주만 공습을 주도했던 장교는 작전 연기를 요청하지만 이소로쿠 사령관은 받아들이지 않는다. 이소로쿠 사령관은 진주만 기습 공격으로 성공한 경험의 자아도취와 독단적 의사결정에 빠져 있다. 참모들의 의견은 제대로 수용하지 않으며 자신만이 생각하는 방식으로 일본 해군을 이끈다. 이런 독단적인 이소로쿠의 의사결정으로 일본 해군에게 기다리는 대가는 처절한 패배뿐이었다.

영화 〈미드웨이〉를 통해서 미군 니미츠 제독과 일본군 이소로쿠 사령관의 의사결정 과정에서의 리더십을 생각해 볼 필요가 있다. 니미츠 제독은 열린 의식과 경청의 자세로 부하들이 서슴없이 의견을 개진할 수 있는 문화를 조성하였다. 니미츠 제독의 열린 리더십으로 괴짜로 여겨지던 로슈포드의 의견을 레이튼을 통해 전달받을 수 있었다. 니미츠 제독은 정보에만 의존하지 않고 상황적 판단과 정성적인 판단을 결합하여 의사결정을 내리고 전쟁에서 승리를 이끈다. 니미츠 제독의 열린 리더십이 승리를 이끈 것이다. 니미츠 제독은 부하들의 의견을 가감 없이 청취했으며 선입견 없이 사람들을 바라본다. 그 결과 부하들은 심사숙고하여 다양한 의견을 제시하였으며 니미츠 제독은 최고의 의사결정을 내릴 수 있었다. 니미츠 제독의 열린 리더십이 일본 해군의 폐쇄적이며 권위적 리더십을 상대로 승리한 것이다.

단어보다는 전체 대화의 분위기와 문맥이 더 중요합니다.

불확실성을 돌파할 수 있는 의사결정의 최고의 무기는

열린 경청이다.

단 한 번의 선택,
"오늘은 아무도 죽지 않는다"
영화 〈설리: 허드슨강의 기적〉

영화 〈설리: 허드슨강의 기적SULLY〉은 2009년 탑승객 155명 전원이 생존한 비행기 추락사고의 알려지지 않은 이야기를 그린 감동 실화이다. 탑승객 155명을 태운 1549편 여객기를 조종하여 이륙하던 설리 기장은 충분한 고도를 확보하지 못한 상황에서 새들과 충돌하여 양쪽 엔진을 모두 잃고 만다. 절체절명의 순간 설리 기장은 주어진 208초의 시간 동안 위험을 무릅쓰고 850미터 상공에서 허드슨강으로의 수상 착륙을 시도한다. 허드슨강으로의 수상 착륙은 성공하고 155명 모두 무사히 구조된다. 설리는 자신을 영웅으로 대접하는 언론과 시민들, 자신을 사고 원인으로 보는 조사관들 사이에서 정말 자신이 옳은 결정을 한 것인지 혼란스러워하며 악몽을 꾼다. 설상가상으로 에어버스에서 실시한 시뮬레이션 결과 첫 번째 회항지 라과디아, 두 번째 회항지 테터보로 공항에 무사히 착륙한다는 결과가 나와 설리는 더 혼란에 빠진다. 공청회에서 시뮬레이션을 담담히 보던 설리는 시뮬레이션에서 인적 요소가 결여되어 있다며 인적 요소를 포함하여 시뮬레이션을 다시

해줄 것을 요청한다. 시뮬레이션 결과 제방에 추락하고, 도심 한복판에 추락하는 결과가 나온다. 설리의 주장대로 회항이 불가능함은 물론, 추가적인 피해까지 발생할 수 있었던 것이다.

선택을 믿어라
기적을 만든 설리 기장의 의사결정

> 850미터 상공에서 엔진 두 개가 고장 난 직후 수상 착륙을 시
> 도했다,
> 155명을 태운 채.
> 이런 사고에 대비한 훈련은 없었다.

850미터 상공에서 새 떼에 엔진이 부딪
혀 양쪽 엔진 기능이 모두 소실되는 비상상황이 발생한다. 설
리 기장은 부기장 제프에게 비상시 매뉴얼 확인을 지시한다.
이후 설리는 부기장으로부터 조종권을 가져온다. 평상시 부기
장을 신뢰하며 조종권을 위임하지만 위급한 상황에서는 조종
권을 회수하여 직접 위기상황을 극복해 나가는 리더십을 보여
준다. 저고도에서 양쪽 엔진 모두 소실로 대형 항공사고 여부
는 기장의 의사결정에 달린 절박한 상황이다. 처음 겪은 위기
상황에서 설리는 당황하지 않고 침착하게 오랜 기장의 경험과
직관으로 허드슨강에 착륙하기로 결정한다. 비행기가 강에 무
사히 착륙하자 설리는 승객들에게 탈출하도록 안내하고 자신

은 모든 승객과 승무원이 탈출한 것을 확인하고 마지막에 탈출한다. 설리는 병원에서 진료를 받으면서도 155명 모두 무사히 구조되었는지를 확인하는 강한 책임감도 보여준다. 언론과 시민들은 설리를 영웅으로 대접하지만 정작 설리는 밤마다 자신의 판단이 맞았는지 괴로워하며 악몽에 시달린다. 항공사고 공청회에서 시뮬레이션 결과를 근거로 자신의 잘못을 추궁하는 조사관들에게는 이성적으로 자신이 판단한 근거를 제시한다.

여전히 인적 요소가 빠져 있는 거 같군요.
역사상 최저고도에서 양쪽 엔진을 잃고 당황하지 말고 가벼운 마음으로 라과디아로 회항하라고 말해주진 않았죠. 그 조종사들의 자질을 의심하는 게 아닙니다. 하지만 새 떼와 충돌 즉시 회항하란 지시를 받은 건 분명합니다. 상황을 분석하고 판단할 필요 없이요. 이 시뮬레이션엔 인적 요소가 빠져 있어요. 인적 오류를 밝히고 싶으면 인적 요소를 반영해요.

인적 요소를 반영한 시뮬레이션 결과는 설리 기장의 판단이 옳았음을 증명한다. 설리는 혼자 영웅이 되는 것을 거부한다. 자신의 공은 낮추고 함께 노력한 모든 사람들에게 공을 나눈다. 설리는 155명의 목숨이 걸린 위급한 상황에서도 침착함을 잃지 않고 자신이 할 일을 점검하며 최선의 대안을 찾고 의사결정을 내린다. 위험한 순간 누구보다 앞서 자신의 역할을 수행했으며, 자신보다 승객과 승무원의 안전을 끝까지 책임지는 리더이다. 자신도 구조된 이후 155명의 생사를 끝까지 확인하는 따뜻한 리더이며, 성공한 공을 혼자 갖지 않고 함께해준 사람들에게 나누는 진정한 리더이다. 교과서적인 리더십과 의사결정 프로세스는 편안한 환경에서 집중하여 역량을 발휘할 수 있으나 위급한 상황에서의 리더십과 의사결정은 쉽지 않다. 리더의 오랜 경험과 직관으로 의사결정을 하는 리더십을 발휘해야 한다. 영화 〈설리: 허드슨강의 기적〉은 설리 기장의 침착하고 담대한 선택과 결정, 이후 자신에게 돌아오는 책임에 대해 리더로서 깊은 생각을 던져주는 작품이다. 〈설리: 허드슨강의 기적〉은 의사결정뿐만 아니라 각자 자리에서 리더들이 어떻게 책임 있는 행동을 해야 하는지 잘 그려주고 있다.

저 혼자가 아니라 우리 모두였습니다.
승객 모두와 구조대원들, 관제사들, 출근 보트 선원들과 스쿠버 경찰들 모두 같이 해낸 겁니다.

모든 정보를 갖고 결정할 수 있는 완벽한 때는 결코 오지 않는다.

즉각 결정하고,

즉각 실행하라.

자신의 결정을 믿자.

리더십 人사이트

한순간의 판단은 때로 평생의 경험과 맞먹을 만큼의 가치가
있다.
진짜 용기는 자신의 결정을 믿고
그저 시도하는 것이다.

Leadership

리더의 조직관리
_ 건강한 조직을 만들어라

리더의 성공은 그 사람이 뭘 하느냐가 아니라

그가 이끄는 팀이 어떤 성과를 내느냐에 달려 있다.

— 잭 웰치

유치원생들은
어떻게 MBA를 이겼을까

유치원생이 MBA 출신 성인보다 탑을 더 높게 쌓는다고? 이게 말이 되는 소리인가? 〈TED〉에서 소개된 마시멜로 챌린지 결과를 보면 놀라게 될 것이다. 마시멜로 챌린지는 스파게티 20개, 테이프 1야드, 실 1야드, 마시멜로 한 개로 제한시간 18분 안에 마시멜로를 가장 높게 올려놓으면 이기는 게임이다. 마시멜로 챌린지를 통해 다양한 그룹들이 도전을 한다. MBA 졸업생, 변호사, 건축가, CEO, CEO & 비서, 유치원생 등 다양한 그룹에서 마시멜로 챌린지를 했을 때 어떤 그룹이 가장 높이 쌓았을까? 높이 쌓은 순서는 건축가, CEO & 비서, CEO, 유치원생, 변호사, MBA 졸업생 순위였다. 여기서 주목할 점은 유치원생이 변호사, MBA 졸업생보다 더 높게 쌓았다는 점이다. 유치원생들은 어떻게 변호사, MBA 출신을 이겼을까?

전문직 성인이 마시멜로 챌린지를 도전할 때 공통적으로 나타나는 현상이 있다. 그들은 완벽한 계획을 세우려고 토론부터 시작한다. 챌린지 제한시간은 18분, 성인들은 보통 계획을 세우는 데 많은 시간을 소요한다. 시간이 얼마 남지 않았을 때 최적의 계획으로 마시멜로를 쌓는 것이 아니라 시간에 쫓겨 탑을 쌓기 시작한다. 반면 유치원생들은 처음 시작부터 마시멜로를 손에서 놓지 않는다. "하하하", "호호호", "안~~돼" 비명을 지르며 마시멜로 탑을 쌓기 시작하고 무너지면 다시 세운다. 유치원생의 방식은 스파게티 위에 마시멜로를 올려놓은 후 성공한 형태를 확장해 나가며 탑을 쌓는 것이다. 우리가 조직에서 일하는 방식은, 마시멜로 챌린지에서 가장 낮은 그룹인 변호사, MBA 출신과 같이 일하지 않는가? 중학생과 유치원생의 대결도 성인 전문직 그룹 결과와 진행 과정은 다르지 않았다. 마시멜로 챌린지를 보면서 스스로 일하는 모습에 대해서 깊게 생각할 수 있었다.

마시멜로 챌린지가 우리에게 시사하는 점은 무엇일까? 마시멜로 챌린지에서 확인할 수 있듯이 우리는 조직에서 전문인 그룹과 같이 마시멜로를 쌓는다. 조직에서는 일을 수행할 때 계획을 세우면 서로 견제하고, 누구의 아이디어가 가장 좋은지 계획 단계부터 줄다리기를 한다. 누가 마지막 마시멜로를 올려놓을 것인지도 다툼의 대상이다. 계획이 실패했을 경우 책임은 누구에게 있는가와 내부 경쟁과 비협조가 마시멜로 탑을 쌓는데 비효율적인 요소로 장애가 되는 것이다. 우리가 유치원생에게 배워야 할 것은 협업의 방식이다. 유치원생들은 목적인 마시멜로를 처음부터 사용한다. 어떤 형태든 마시멜로를 맨 위에 올려놓는 구조를 찾은 후에 형태를 변화하면서 탑을 높고 견고하게 쌓는다. 그 과정에서 실패도 있지만 서로 이야기하고 적극 참여하며 또다시 시도하고 또다시 시도한다. 하지만 성인 전문가 그룹은 계획만 늘어놓다가 시간이 쫓겨서야 어쩔 수 없이 시도를 하고 실패를 하는 것이다. 〈TED〉에서 톰 워젝은 마시멜로 챌린지를 통한 새로운 협업의 방법을 제시한다. 조직에서 일할 때 계획보다 중요한 것은 함께 소통하며 협업을 통해 빠르게 실패하고 학습하는 것이라고 말한다. 유치원 아이들은 지위를 두고 다투지 않는다. 서로 이야기하며 함께 탑을 쌓는 것에 주력한다. 유치원 아이들이 스마트해서 탑을 더 높이 쌓는 것이 아니다. 아이들이 탑을 더 높이 쌓은 이유는 스마트하게 협업하기 때문이다.

잘나가는 조직이 성과를 내는 이유는

구성원들이 스마트해서가 아니다.

스마트하게 협업하기 때문이다.

MS 부활의 비밀

장애물과 결점이 발견되면 가슴이 뛴다.

장애물은 언제나 우리 옆에 있을 것이다.

하지만 리더는 장애물과 능숙하게 맞서 싸우는 투사다.

어떤 결점이 발견되는 순간 나는 가슴이 뛴다.

누구든 결점을 지적한다면 내게 통찰이라는 선물을 안겨준 셈
이다.

― 사티아 나델라

마이크로소프트MS 하면 떠오르는 것이
윈도우와 빌 게이츠일 것이다. 잘나가던 마이크로소프트는 빌
게이츠가 떠난 이후 애플, 구글에 밀려 쇠락의 길을 걷는다. 윈
도우 판매에만 의존하다가 모바일 시대에 대응하지 못하며 실
적 부진은 당연한 결과이었다. 하지만 2015년 시가총액 1위를
탈환한다. 그 중심에는 마이크로소프트의 새로운 리더 사티아
나델라가 있었다. 나델라는 이직이 잦은 IT 업계에서 이례적
으로 20여 년간 일한 내부 출신 리더이다. 나델라가 새 CEO로
취임할 당시 혁신적으로 개편이 필요한 마이크로소프트에는

적합하지 않다는 평가가 주류였다. 하지만, 나델라는 주변의 우려에도 불구하고 클라우드 시장 점유율에서 마이크로소프트를 구글을 제치고 아마존 다음인 2위로 등극시킨다. 마이크로소프트 주가는 36달러대에서 110달러대로 3배 이상 상승했다. 잠자던 공룡 마이크로소프트에 르네상스를 다시 일으킨 나델라의 리더십을 살펴보자. 미국의 기업 평판 조회 사이트 캄퍼러블리Comparably는 미국 내 5만여 기업 임직원들이 1년간 사이트에 남긴 CEO에 대한 평점을 바탕으로 순위를 발표했는데 나델라가 임직원 500인 이상 대기업 부문에서 CEO 1위에 올랐다. 나델라는 투명한 의사결정을 하며 엔지니어를 존중하고 혁신을 독려하는 CEO로 알려졌다. 한동안 잠자던 공룡 마이크로소프트가 다시 전 세계에서 가장 가치 있는 기업이 됐고, 그 중심에 나델라의 리더십이 있었다. 잠자던 공룡 마이크로소프트에 심폐 소생술로 '르네상스'를 일으킨 나델라의 리더십을 살펴보자.

'르네상스 시기의 마이크로소프트의 가치를 다시 일깨우다.' 나델라는 구성원들이 하나로 모일 수 있는 구심점을 만들었다. 모든 구성원이 공통된 사명 아래 모인 가족이라는 점과 소비자들에게 중요한 일을 한다는 것을 다시 일깨운 것이다.

리더는 구성원들이 무엇을 위해 일하는가에 대한 답을 줄 수 있어야 하며, 그 힘이 조직을 단결시킨다. 또한 나델라는 취임 당시 마이크로소프트 상황을 "관료주의가 혁신을 대체했고, 사내 정치가 팀워크를 대신했다"라고 진단했다. 소통을 강조하며 패배의식에 젖어 있던 회사 분위기를 개선한 것이다.

> 기술의 능력보다 이를 통해 자신이 무엇을 할 수 있는지가 더욱 중요하다.
> 자신이 기업에 핵심을 제공할 수 있도록 자신감을 갖고
> 개발하는 경험과 유도하는 개인화가 중요한 것이다.
> ― 사티아 나델라

'다양성과 포용성을 추구하다.' 나델라는 경쟁업체와의 협력을 선언한다. 경쟁사인 리눅스와 협력하여 윈도우와 리눅스의 오픈소스를 활용해 마이크로소프트는 클라우드 시장 점유율을 높인다. 나델라는 경쟁 대신 협력과 포용을 선택한다. 애플과 구글로 양분된 스마트폰 애플리케이션을 통합하여 사용할 수 있는 애플리케이션을 개발한다. 나델라는 마이크로소프트 자산인 소스코드를 인터넷에 무상으로 공개한다. 소스를 공개한다는 것은 누구나 소프트웨어를 개량하고 재배포할 수 있

다는 의미다. 나델라는 오픈소스 커뮤니티인 깃허브를 인수하고 클라우드 서비스 분야 경쟁사들과 협력 파트너십을 체결한다. 나델라는 구성원들에게 코드가 아닌 소비자 시나리오를 소유하라고 강조한다. 단순히 지적 재산인 코드를 독점하기보다 소비자에 대해 배우고 소비자의 요구를 충족시킬 수 있는 솔루션을 제공하는 데 집중해야 한다는 의미이다.

> 고객의 마음은 기술에 있지 않습니다.
> 기능과 기술만을 앞세운다면 고객은 외면할 겁니다.
> 새 시대의 중심은 고객,
> 고객을 이해하기 위해 스스로를 재창조하는 기업만이 살아남게 될 겁니다.
>
> — 사티아 나델라

'공감을 통한 혁신을 하다.' 나델라는 뇌성마비 아들을 키우며 공감능력을 체득했고, 직원들에게 그러한 자신의 경험담을 들려준다. 폐쇄적이고 경직된 사내 문화를 공감을 통해 변화시킨다. 나델라는 공감능력을 통해 혁신에 대한 영감을 얻을 수 있다고 생각했다. 마이크로소프트의 모든 제품 개발의 가치를 고객중심으로 바꾼다. 마이크로소프트가 성장하지 못하는 이유를 기술 중심이 아니라 고객, 즉 사람의 니즈를 파악하지 못했기 때문이라고 생각한 것이다. 공감은 다양한 가치를 가진 직원들을 융화하도록 하면서 소비자를 잘 이해할 수 있는 요소이다. 나델라는 전 직원들에게 보낸 이메일에서 자신의 공감적 가치를 나눈다.

> 공감은 다양한 가치를 가진 직원들을 융화하도록 하면서
> 소비자를 잘 이해할 수 있는 요소입니다.
> ─ 사티아 나델라

건강한 조직문화의 핵심은 '공감'이다.

리더는 무엇에
집중해야 하는가

실리콘밸리 최고 경영컨설턴트 패트릭 렌치오니는 저서 『무엇이 조직을 움직이는가The Advantage』(전략시티, 2014)에서 스마트한 조직보다 건강한 조직의 중요성을 강조한다. 조직의 리더라면 전략, 마케팅, 재무, 인사 등 경영 기능이 효율적으로 운영되는 스마트한 조직을 만들기 위해 노력한다. 다른 경쟁사 및 경쟁자와 무엇이 다른가에 대한 차별성과 얼마나 효율적인가에 중심을 두는 것이다. 반면 건강한 조직은 조직 문화를 우선한다. 조직의 존재 가치와 이유를 명확하게 규정하고 구성원들이 한마음으로 공유할 수 있도록 노력한다. 건강한 조직의 장점은 스스로 영리해지기 때문이다. 건강한 조직은 스마트한 조직에 비해 전략, 효능 등 기능적인 부문에서 부족하더라도 부족한 결점을 파악한다. 겸손함으로 자신들의 결점을 개선할 수 있는 효율성을 갖추고 있다. 반면 스마트한 조직은 조직 내 인적 갈등이 빈번하다. 조직의 가치와 존재 이유에 대해서는 구심점이 없기 때문에 경쟁에서 우위를 지키지 못한다. 건강한 조직은 어려운 시기에 조직의 문제를 함께 해결해 나간다. 건강한 조직 문화가 중심이 되어 조직의 경영, 운영, 전략이 효율적으로 운영된다. 조직 내 정치와 갈등의 혼란이 최소화되고, 그들은 어려울 때 회사를 쉽게 떠나지 않는다. 건강한 조직은 충격에 저항력이 강하다. 성공하는 조직과 실패한 조직의 차이는 조직의 건강에 달려 있다. 조직이 건강하면 스마트함은 동반되고, 지속 가능한 성공한 조직으로 유지할 수 있다.

성장 배경이 사람의 성품을 만들 듯

일하고 있는 환경이 조직의 성과를 좌우한다.

리더는 건강한 조직을 만드는 데 집중해야 한다.

영화 속 리더십 人사이트

창의적 리더십을 연주하다
영화 〈보헤미안 랩소디〉

나는 스타가 되지 않을 거야.
전설이 될 거야.

영화 〈보헤미안 랩소디〉는 '리더의 소
통' 편에서 소개한 영화이다. 소통 편에서 영화 속 한 장면을
소개했다면 '조직관리'에서는 프레디 머큐리가 밴드 리더로서
보여주는 창의적 리더십을 말하고자 한다. 영화 속 밴드와 요
즘 조직은 많은 부분이 닮아 있다. 개성이 강하고 진취적인 뮤
지션은 현대의 젊은 MZ세대와 비교할 수 있다. 록 밴드는 대
중의 인기로 지속될 수 있다는 점에서 조직의 생사와도 관련
이 있다. 밴드 리더 프레디 머큐리의 역할이 전문성과 개성으
로 무장한 다양한 조직원들을 이끌고 새롭게 변화하는 시대의
흐름에 맞춰 조직을 이끄는 것이라는 점은 현대의 환경과 매우
유사하다. 퀸의 전설을 만든 프레디 머큐리를 통해 그의 리더
십을 재조명해 보자. 영화 음악의 장점은 음악을 통해 감동을

몇 배 더 우리에게 안겨준다는 것이다. 세대를 뛰어넘은 전설, 프레디 머큐리를 만나보자.

공동의
이정표를 세워라

우린 부적응자들을 위해 연주하는 부적응자들이에요.

퀸은 데모 테이프를 듣고 계약을 위해 찾아온 기획사와 미팅을 한다. 미팅 자리에서 기획사 매니저는 다른 밴드와 퀸이 무엇이 다른지 설명을 요청한다. 프레디 머큐리는 잠시도 머뭇거리지 않고 "우린 부적응자들을 위해 연주하는 부적응자들이에요"라고 말한다. 퀸은 세상에서 외면당하고 마음 쉴 곳 없는 사람들을 위한 밴드라는 정체성을 천명한다. 프레디 머큐리는 EMI 사장 앞에서 〈보헤미안 랩소디〉가 타이틀이 되어야 한다고 주장하고, 라이브 에이드를 위한 미팅에서는 기획사 사장을 압도하는 설득력을 보여준다. 스스로 밴드의 색깔을 정의하고 자신들이 가야 할 길과 무엇을 하는지에 대해서 명확하게 제시한다. 조직에서 가장 중요한 것은 정체성이다. 정체성은 구성원들이 일하게 하는 원동력이며 함께 협업하게 할 수 있는 가치이다. 정체성이 없는 조직은 분해되어 흩어질 수 있으나 정체성을 단단하게 공유한 조직은 어떠한 위험에서도 조직과 자신을 지키려고 노력한다. 리더는 조직 구성원이 이 일을 왜 해야 하는가를 이해시키는 사람이다. 리더는 조직의 정체성을 명확히 제시하고 용기 있기 이끈다.

모든 밴드가 다 퀸은 아니지요.

우리만의 이야기로 조직을 리드하라.

자신들만의 길을
개척하라

3분이 표준이야.

6분이나 되는 장송곡을 틀어 줄 라디오는 없어.

　　　　　　성공적인 데뷔 이후 퀸은 다음 앨범을
야심 차게 준비하고 〈보헤미안 랩소디〉를 완성한다. 자신 있는
모습으로 EMI 사장에게 자신들이 생각한 앨범 타이틀 곡 〈보
헤미안 랩소디〉를 들려준다. 퀸 멤버들의 예상과 다르게 EMI
사장은 시종일관 성공 공식을 말하며 쓰레기 같은 노래라는 혹
평을 내놓는다. 자신의 돈으로 앨범을 제작했으니 자신의 말을
따르도록 강요하는 것이다. 프레디 머큐리는 절대 물러서지 않
는다. 그는 〈보헤미안 랩소디〉가 앨범 타이틀 곡이 되지 않을
경우 회사를 나가겠다고 선포하고 밴드 멤버와 함께 나간다.
회사를 뛰쳐나간 퀸과 프레디 머큐리는 새로운 방식으로 〈보
헤미안 랩소디〉를 홍보한다. 지역 라디오 DJ를 찾아가 "BBC
도, 어떤 라디오도 틀어주지 않을 겁니다"라며 자극한다. 결국
〈보헤미안 랩소디〉는 라디오 전파를 타게 되고 사람들은 〈보

헤미안 랩소디〉에 열광했으며 밴드 퀸의 인기는 영국 여왕을 앞지른다. 기존 성공 방정식과 과거의 경험과 지표는 리스크를 최소화한다. 하지만 시대가 달라졌다. 시장을 혁신하고 새로운 가치를 만들고자 한다면 기존에 성공했던 공식과 경험에서 탈피해야 한다. 코로나가 우리에게 가져다준 최고의 선물은 변화일 것이다. 포스트 코로나 이후 세상은 이전 세상과 결별을 예측하고 이미 현실이 되었다. 파괴적 혁신이 수없이 일어나고 상상하지 못했던 일들이 현실이 되고 있다. 세상의 변화는 우리가 적응할 시간을 기다려 주지 않는다. 주변 곳곳에서 모든 것이 변하고 있으며 생존을 위해서는 변화에 적응하고 변화를 예측하여 앞서 나가야 한다. 창의적 사고를 통해 산업 판도를 바꾸는 새로운 기술과 서비스들이 탄생하고 있다. 리더십도 빠르게 변화하는 세상에 적응해야 한다. 빠른 판단과 예측이 필요하며 무엇보다도 이전 세상 환경과 이별함으로써 경험이 최고의 자산이 아닌 시기가 도래했다. 앞으로는 변화에 적응하며 창의적으로 대응하는 리더가 필요하다.

우리가 결정했습니다.

'보헤미안 랩소디'

조직의 창의성

리더의 역할이 핵심이다.

단단해지게 싸워라

내가 새로 밴드를 만들게 시켰어.

그런데 시키는 대로만 해,

누구처럼 반대하지도 않고, 누구처럼 더 좋게 수정하지 않아,

누구처럼 흥이 나서 제멋대로도 하지 않아.

          퀸의 인기를 한 몸에 받았던 프레디는 자신만의 음악을 펼치기 위해 홀로서기를 선택한다. 퀸의 인기는 자신이 만들었다는 자만심과 매니저의 유혹에 솔로 독립을 한다. 프레디는 야심대로 자신만의 팀을 만들어 음악 작업을 한다. 자신이 원하는 방향으로 따르는 뮤지션들 사이에서 프레디는 음악적 결핍을 느낀다. 프레디는 솔로 앨범을 위해 팀을 이탈했다가 좌절을 경험하고 다시 팀으로 복귀하기 위해 팀 멤버에게 용서를 구한다. 화가 난 팀 멤버들을 향해 프레디는 "내가 고용한 사람들은 정말 시키는 대로만 했어. 로저, 너처럼 잘못된 걸 말해주지도 않았지"라며 자신의 잘못을 고백한다. 밴드 퀸의 완성은 팀 멤버 각자의 개성과 노력이 하나가 되어 탄생된 명작이었지 프레디 혼자만의 작품은 아니었던 것이다. 프

레디는 팀 멤버의 소중함을 깨닫고 밴드 재결합을 요청한다. 팀 멤버들과 모인 자리에서 프레디는 자신이 이기적이었음을 사과하고 솔로 활동을 통해 느낀 팀의 소중함을 고백한다. 조직에는 논쟁이 필요하다. 논쟁이 없다는 것은 안주함을 의미한다. 성장하기 위해서는 갈등이라는 성장통을 겪어야 한다. 회피가 조직에 평화는 줄 수 있지만 성장을 가져다주지는 못한다. 사람들은 서로 다른 생각과 관점이 있다. 존중은 타인의 가치와 생각을 인정하고 받아들이는 것이지 평화를 위해 회피하는 것이 아니다. 불편한 진실은 조직의 평화를 위해 대부분 조직에서 회피를 선택한다는 것이다. 회피는 아픔을 잠시 가려주는 진통제이지 치료제가 아니다. 신뢰하는 조직일수록 서로의 잘못된 부분에 대해서 과감하고 솔직하게 의견을 말해야 한다. 조직과 구성원에 대한 신뢰가 없다면 불가능하다. 열심히 싸우고 열심히 화해하자. 리더의 역할은 싸움에도 분열되지 않는 신뢰 있는 조직으로 만드는 것이다.

우린 가족이잖아.
가족은 항상 싸우잖아.
가족은 싸우지만 헤어지지는 않아.

조직은 싸워서 분열되기보다 싸우지 않아서 분열된다.

관계의 장벽을 부수는 것은 평화가 아니라 싸움이다.

건강하게 만들어라

내가 누구인지는 내가 결정해.

　　　　　프레디는 에이즈로 하루하루 죽음과 가까워지는 상태에서 '라이브 에이드'에 출연하기로 결심하고 팀 멤버를 설득한다. "슬퍼하며 죽을 날만 기다리며 사는 삶보다는 남아 있는 순간을 열정적으로 음악을 만들며 살고 싶어." 프레디는 끝까지 진정한 뮤지션이었다. 팀 멤버의 희망을 알았고, 그들을 원 팀으로 이끈다. 공연에 나가기 위해서 자신과 팀 멤버들을 격려하고 퀸의 가치를 정의한다. "나는 스타가 되지 않을 거야. 전설이 될 거야." 스타가 시대를 읽는다면 전설은 시대를 이끈다. 전설은 시대와 세대를 초월하여 희망이 된다. 스타는 인기라는 틀에 한시적이지만 전설은 영원하다. 프레디는 각자 색이 다른 팀 멤버들과 함께 최고의 음악을 만들어 전설에 오른다. 팀 멤버들과 싸워 다투기도 하고 헤어지기도 한다. 자신의 잘못을 인정하고 사과한다. 팀과 멤버의 존재 가치를 즐기기 위해 헌신을 다해 최고의 무대에 오른다. 조직이란 사건 사고와 해결, 성공과 보상, 희열 등의 연속이다. 건강한 리더와 건강한 조직은 아픔과 희열을 함께 나눈다. 건강한 조직이란 구성원들의 자발적인 참여와 헌신, 책임의식, 그리고 리더와 팀에 대한 존중이 조화롭게 연주되는 오페라와 같다. 건강한 리더는 〈보헤미안 랩소디〉처럼 각기 다른 색깔과 개성을 조화롭게 이끌어 최고의 곡을 완성한다. 리더는 조직을 전설로 만드는 조력자이다.

우리 모두가 전설이야.

조직에 생명을 불어넣는 것은

리더의 이야기이다.

리더십 人사이트

똑똑한 조직보다 건강한 조직을 만들어라.

건강한 조직문화는 공감으로부터 시작된다.

Leadership

09

리더의 세대공감
_ 밀레니얼의 마음을 훔친
세대공감 마법

바뀐 것은 없다. 단지 내가 달라졌을 뿐이다.

내가 달라짐으로써 모든 것이 달라진 것이다.

— 마르셀 프루스트

밀레니얼 광풍

기업과 조직에서 핫이슈는 '밀레니얼'이다. 임홍택 작가님의 『90년생이 온다』의 메가 히트에 기업에서는 밀레니얼 이해에 대한 교육 광풍이 불었다. 시중에 밀레니얼에 대한 자료는 차고도 넘친다. 어른들의 관점에서 밀레니얼 세대를 이해하기 위한 노력이라고 생각한다. 하지만 '밀레니얼 사용 설명서'는 있지만 '꼰대 사용 설명서'는 그만큼 이슈가 되지 않고 있다. 세대를 이해하고 공감하기 위해서는 쌍방향 이해가 필요하지만 밀레니얼이라는 기울어진 운동장에서 모든 게임이 진행되고 있는 현실이다.

밀레니얼 vs 꼰대

밀레니얼과 꼰대를 이해하기 위해서는 먼저 용어에 대한 이해가 필요하다. '밀레니얼' 표현은 어딘가 우아하며 고급스럽게 느껴진다. 하지만 '꼰대'는 저급하고 피하고픈 느낌을 갖게 만든다. 우리가 무의식적으로 사용하는 용어에 따라서 '꼰대'는 밀레니얼과 반대로 이해와 공감의 대상이기보다 회피의 대상으로 인식되고 있다. 이런 문화를 바꾸기 위해서는 적합한 용어로 바꾸어 사용해야 한다.

세대 간 이해의 첫걸음.

용어부터 바로잡자.

밀레니얼이 원하는 것

'공감'을 위해서는 먼저 상대를 이해해야 한다. 이해하지 못하는 공감은 지속적인 동력을 상실하게 된다. 밀레니얼은 조직에서 무엇을 중요하게 생각할까? 'HRD KOREA 2018' 조사 자료에 따르면, 워라밸 35.8%, 의미 있는 일 28.4%, 연봉 20.0%, 역량개발 12.6%, 사회적 네트워킹 2.1%, 사회적 공헌 1.1%로 워라밸을 가장 중요하게 생각하는 것으로 나타났다. 《HR Insight》 2019년 6월 호 기사를 통해 밀레니얼이 조직에서 원하는 키워드를 다음과 같이 정리했다.

존중; 내가 원하는 행복과 성공은 따로 있어요!

의미; 납득이 가지 않으면 움직이지 않는다.

재미; 일도 놀이처럼 재미있게

스피드; 검토 부탁드립니다(지금 당장).

인정; 저 잘하고 있는 거 맞죠?

투명; 숨김없이, 솔직하게, 거침없이

연결; 같이 하면 가치 있다! 단, 우리끼리

밀레니얼은 독립적이기도 하면서 의존적이다. '알아서 하게 내버려 두세요'와 '다 챙겨주세요'를 모두 요구한다. 밀레니얼만의 특성이 아니라 현재 우리 사회가 변화와 안정을 동시에 요구하는 모순적인 상황이기도 하다. 밀레니얼이 원하는 리더는 조직 구성원들이 함께 성장하는 데 집중하고, 공동의 성과를 이루어 나가는 사람이다. 세대가 다르고, 출신 배경이나 성격이 모두 다른 이질적인 구성원들이 많을수록 리더가 부드러우면서도 강력한 리더십의 균형을 유지하는 것이 중요하다.

밀레니얼과 밀당의 고수가 되자.

세대공감이 필요해

　　　　　　　　'공감'이라는 것은 가르친다고 할 수 있는 것이 아니라고 생각한다. 하지만 기업 등 사회에서는 교육으로 세대공감을 풀려는 노력을 하고 있다. 세대공감은 그들이 어떤 성향의 사람들인가를 이해하는 것도 중요하지만, 그 이해라는 것이 잠깐의 교육으로 공감으로 이어지지는 않는다. 공감은 사람 대 사람의 오랜 커뮤니케이션과 스킨십이 발생되어 그들 사이에 경험이 쌓이는 것으로서 서로에 대한 이해로 마음의 문이 열리는 시간이 필요하다. 어떻게 세대공감을 이끌어 낼수 있을까? 세대공감을 몸소 실천하신 영화 속 신사를 소개하겠다.

공감은 교육으로 배우는 것이 아니다.

영화 속 리더십 人사이트

멋짐 뿜뿜, 70세 인턴의
사람의 마음을 얻는 세대공감 노하우
영화 〈인턴〉

경험은 결코 늙지 않아요.

경험은 결코 시대에 뒤떨어지지 않지요.

영화 〈인턴The Intern〉에서 창업 1년 반 만에 패션업계에서 큰 성공을 이룬 30세 젊은 CEO(앤 해서웨이)는 수십 년 직장생활에서 쌓은 노하우와 나이만큼 풍성한 인생 경험이 무기인 인턴(로버트 드니로)을 파트너로 만나게 된다. 70세 인턴과 30세 젊은 여성 CEO는 나이를 초월하며 깊은 친구로 발전한다. 70세 인턴 벤은 요즘 언어로 표현하자면 샤방샤방 멋진 뿜뿜인 꼰대(밀레니얼들이 속칭하는)이다. 회사 젊은 직원들은 그의 나이 때문에 처음에는 거리를 두기 시작하지만 시간이 흘러 어느덧 벤을 존경하게 된다. 그 이유는 무엇일까?

열정으로
가득 채워라

인터넷 의류 업체 'About the Fit'의 창
업자인 줄스 오스틴은 기업의 사회공헌 차원에서 65세 이상 노
인을 대상으로 하는 노인 일자리 사업 인턴 프로그램을 시작한
다. 과거 전화번호부 회사의 임원으로 재직하다가 정년퇴직했
고, 아내와 사별 후에는 그동안 쌓인 마일리지로 여행을 즐기
던 70세의 벤은 다시 사회로부터 자신의 필요성을 느끼고 자존
감을 높이기 위해 인턴 프로그램에 지원한다. 벤은 회사 CEO
줄스의 개인 인턴으로 배정되어 업무를 시작한다. 줄스는 그
런 벤에게 회의적인 입장이다. 벤은 주변의 무기력한 어르신과
다르게 열정적으로 일을 한다. 자신에 대한 확신이 있으며 모
든 일을 주도적으로 처리한다. 벤의 연륜에서 묻어나는 처세술
과 각종 노하우들에 줄스는 점점 신뢰를 갖게 되고, 벤이 개인
운전기사도 맡으며 둘은 베스트 프렌드가 된다. 또한, 나이 어
린 회사 동료들에게는 연애 상담, 클래식 스타일 코디 등을 알
려주며 친근한 아버지와도 같은 관계를 맺어나간다. 벤은 젊은
직원들에게 자신의 노하우를 진정성 있게 조언하고, 처음 그를

불편하게 생각했던 젊은 직원들은 점차 벤을 찾게 되면서 벤은
세대를 뛰어넘어 친구처럼 그들과 함께 일한다.

> 뮤지션에게 은퇴란 없습니다.
> 단지 음악이 사라지면 멈출 뿐이지요.
> 내 안에는 음악이 아직 남아 있습니다.

배려하고 존중하라

벤은 항상 슈트를 입고 옛날 사람의 상징인 손수건을 갖고 다닌다. 손수건은 남의 눈물을 닦아 주며 사람들의 마음을 위로해 준다. 벤의 능력 때문에 자신과 비교되어 울고 있는 여비서를 위해 함께 일할 수 있는 파트너라는 것을 알려주며 위로는 여비서를 사랑하는 남직원에게 양보하여 두 사람의 관계를 이어준다. 벤은 언제나 겸손하며 한참 나이가 어린 직원들을 존중한다. 벤은 사람들의 이야기를 귀담아 잘 듣고 사람들에게 무엇이 필요한지 파악해서 진정성 있게 조언한다. 경험에서 우러나온 노하우로 권위를 내려놓고 젊은 직원들에게 친근하게 다가가 어느덧 회사 젊은 직원들은 벤을 존경하게 된다.

손수건을 갖고 다니는 가장 큰 이유는 빌려주기 위해서야.

상대방이 듣고 싶은
이야기를 하라

　　　　　　　남들이 보기에 성공한 슈퍼우먼 줄스. 바람피우는 남편과 감당할 수 없을 정도로 커버린 회사에 전문경영인을 고용하자는 의견에 줄스는 버거워한다. 벤은 줄스가 감당해야 하는 스트레스를 간파한다. 단기간에 회사를 급성장시키기 위해 많은 것을 희생했던 줄스는 많이 지쳐 있다. 외부 CEO 스카우트를 통해 집에서 남편 매트, 딸 페이지와 보내는 시간을 늘려 그동안 소홀했던 가정에 최선을 다하기로 한다. 줄스는 현실과 타협하며 그녀의 꿈을 포기하려 한다. 가정과 회사를 동시에 살리기 위해 전문경영인을 고용하기로 한 줄스는 인터뷰를 진행하지만, 자신의 열정으로 세운 회사를 다른 사람에게 맡기는 것이 쉬운 선택은 아니었다. 줄스는 내심 자신이 회사를 잘 이끌고 싶은 마음이었다. 전문경영인 지원자와 인터뷰를 마치고 벤을 찾아온 줄스에게 벤은 줄스가 듣고 싶은 이야기를 전해준다.

회사는 당신이 필요해요.

이 크고 아름다운 회사는 당신이 만들었어요.

 여기 온 이유 중 하나가 이런 말들을 듣고 싶어서였겠지요?

　벤은 줄스의 회사에 대한 열정을 알고 있고 지금 그에게 가장 필요한, 듣고 싶은 말로 응원을 전한다. 열정 많은 젊은 여성 CEO와 70세 노인 인턴이 절친이 되는 순간이다. 밀레니얼의 마음을 훔친 70세 인턴 꼰대의 세대공감 마법은 무엇일까?

　벤은 열정이 가득하며 자신의 경험을 소중하게 생각한다. 그 경험을 바탕으로 상대방의 입장에서 생각하며 배려하고 존중한다. 그리고 때로는 상대방이 듣고 싶은 이야기를 한다. 사람 관계에 있어서 상대방에 대한 이해도 필요하지만, 가장 중요한 것은 그 사람과 경험을 함께 나누며 그 사람에게 무엇이 중요한가에 마음을 기울이는 것이다.

진정한 공감은 '당신에게 무엇이 중요한가'에

마음을 기울인다.

리더십 人사이트

공감은 뜬금없는 호기심에서 시작된다.

사랑의 4분의 3이 호기심이다.

Leadership

새로운 시대,
새로운 리더십
_ 나만의 리더십을 MAKE하라

새로운 시대, 새로운 리더십

오래된 규칙은 산산조각이 나고
새로운 규칙이 쓰여 가고 있다.

— 유발 하라리

4차 산업혁명과 인공지능의 빠른 발전은 사회를 더 빠르게 변화시키고 있다. 2020년 누구도 예상하지 못했던 가장 큰 변화가 우리에게 닥쳤다. 전 세계를 휩쓴 코로나 팬더믹은 예상치 못한 사회적 큰 변화를 가져왔다. 뉴 노멀 시대와 코로나 팬더믹 유행은 무엇을 의미할까? 포스트 코로나 이후 기존 익숙한 질서들이 무너지고 있고 불확실성의 시대로 진입했다. 포스트 코로나 이후 경제, 사회, 교육, 국제 정세 등 불확실성은 우리를 공포에 몰아넣으며 우리의 정상적인 삶을 위축시키고 있다. 조직에서는 MZ세대의 등장으로 세대 변화에 따른 세대갈등과 마주하고 있다. 어느덧 MZ세대는 조직에서 주류로 자리 잡아가고 있다. 그들이 새로운 리더로 떠오르는 단계로 진입하고 있는 현실이다.

불확실성의 시대에 깊어지는 리더들의 고민은 무엇일까? 이제는 코로나 팬데믹 이전의 과거로 돌아갈 수 없는 현실에 직면해 있다. 익숙하던 현실에서 조직을 이끌기에도 버거웠던 리더들의 고민은 더 깊어진다. "오래된 규칙은 산산조각이 나고, 새로운 규칙이 쓰여 가고 있다"라는 유발 하라리의 말이 무겁게 다가온다. 사회의 가속화나 변화의 속도는 우리를 기다리지 않는다. 리더에게는 조직의 생존이라는 무거운 숙제가 버티고 있다. 버틸 것인가? 살아남을 것인가? 역경을 이겨내고 새로운 기회를 만들 것인가? 리더들은 혼란스럽다. 미래의 불확실성과 대변혁의 시대에 조직을 이끄는 리더에게 필요한 것은 무엇일까?

전 세계 1% 리더의 멘토로 불리는 리더십의 대가 존 맥스웰은 『다시 리더를 생각하다 Leadership』(비즈니스북스, 2020)에서 리더에게 필요한 해법을 제시한다. "지금과 같은 불안정한 시대에 리더에게 가장 필요한 것은 적응력, 즉 새로운 환경에 맞추어 변화하는 능력"이라고 말한다. 그는 40년간 전 세계 600만 리더들을 훈련시키며 관찰했다. 그 결과 일과 삶 모두에서 성공을 이룬 사람들은 불확실성이라는 리스크를 기꺼이 감내하며 스스로를 끊임없이 변화 Shift시킨다는 공통점을 발견했다.

불확실성이라는 리스크를 기꺼이 감수하고

이를 뛰어넘는 용기 있는 리더가 이 시대가 원하는 리더다.

— 존 맥스웰

새로운 시대, 리더의 적은 과거의 자신이다.

새로운 시대, 리더는 변화에 적응하며 방향을 전환한다.

새로운 시대,
나만의 리더십을 MAKE하라

기술과 정보는 하루하루 스쳐 지나가는 것을 허락하지 않고 빠르게 지나가고 있다. 포스트 코로나 시대는 이전 시대와 단절된 새로운 리더십을 요구할 것이다. 시대가 지날 때마다 리더십은 유행처럼 지나가고 있다. 하지만 중요한 것은 유행하는 리더십에도 중요한 기준점이 있다는 것이다. 바로 그 중심에는 '사람'이 있다. 시대가 변하고 있지만 변화의 중심에 있는 것도 역시 '사람'이다. 고전이 오랜 생명력을 유지하는 것에도 비밀은 있다. 그 역시 중심에는 '사람'이 있다. 인공지능으로 무장한 새로운 시대가 무섭고도 빠르게 우리 곁으로 다가오고 있다. 앞으로 다가올 시대는 기계 중심의 인공지능 시대가 아니다. 인공지능 시대라는 것은 역설적으로 '사람중심' 시대라는 것을 증명한다. 좋은 리더가 되는 방법은 좋은 리더 모델을 찾아 배우는 것이다. 불확실성으로 무장한 혼돈의 시대를 극복할 수 있는 리더가 되기 위하여 『언택트 리더십 상영관』의 대미를 장식할 영화 속 주인공을 소개하겠다.

영화 속 주인공들이 다양한 위기 상황에서 어떤 방법으로 위기를 극복했는지 그 노하우를 만나보자. 인공지능과 사람의 융합 시대에 필요한 나만의 차별화된 리더십 무기를 장착할 수 있는 '영감inspiration'을 느낄 수 있는 기회가 되기를 바란다.

뚱보 팬더가 용의 전사가 된 비밀
영화 〈쿵푸 팬더〉

난 평범한 살찐 팬더가 아냐.

특별한 살찐 팬더지.

가업으로 이어져 온 국숫집에서 아버지를 도와 국수 배달을 하던 팬더 포. 아버지는 국수 비법을 알려주어 가업을 잇게 하고 싶지만 포의 관심은 오로지 쿵푸이다. 포는 가게 일은 뒷전이고 쿵푸 비법이 적힌 용문서 전수자를 정하는 무적의 5인방 대결 시합장에 간다. 시합장에서 마을의 현자 우그웨이가 용문서 전수자를 발표하는 순간 불상사가 일어난다. 포가 용의 전수자로 점지된 것이다. 쿵푸는 전혀 모르는 비만팬더 포는 자신이 용의 전사가 되었다는 것에 어리둥절하다. 무적의 5인방 타이그리스는 뚱보 포를 우습게 본다. 사부 시푸조차도 포의 재능을 무시하며 포기한다. 악당 타이렁이 탈옥한 소식을 들은 시푸는 무적 5인방과 대비를 한다. 정작 용의 전사로 지명된 포는 타이렁의 위기로부터 아무런 대안에 포함되지 않는다. 어느 날 시푸가 뚱뚱한 몸으로 올라가기 힘든 선반에 올라가 있는 포를 발견하고, 포의 장점인 식탐을 미끼로 훈련시키는 맞춤식 수행에 들어간다. 포는 훈련을 멋지게 소화해 내며 점차 용의 전사 면모를 갖추게 된다. 포는 예언과 운명에 따라 용의 문서가 주는 메시지를 확인하고, 진정한 용의 전사로 거듭난 포는 타이렁과 숙명의 대결을 벌이고 승리한다.

쿵푸에 전혀 어울리지 않은 신체조건을 가진 뚱보팬더 포. 뚱보팬더 포가 진정한 용의 전사가 된 비밀은 무엇일까? 포는 자신이 갖고 있는 신체적 장점과 식탐을 이용하여 자신만의 쿵푸를 완성한다. 쿵푸 실력이 하수인 포는 어떻게 자신보다 강한 상대를 이길 수 있었을까? 포는 자신의 몸의 탄성을 이용한 카운터 능력으로 타이렁을 완벽하게 제압한다. 포의 재능은 무적 5인방과 달랐다. 처음부터 포는 다른 방향으로 재능이 있었던 것이다. 포는 빠른 스피드와 화려한 기술보다 체력과 유연함으로 싸우는 스타일의 장점을 가지고 있다. 포의 단점을 장점으로 시선으로 바꾸면서 포의 재능은 쿵푸로 꽃을 피우게 된다.

세상에 특별한 비법은 존재하지 않아.
오직 네가 있을 뿐이야.

뚱보팬더 포가 용의 전사가 되기까지 각종 장애물이 등장한다. 이 장애물을 다른 관점에서 바라보면 용의 전사가 될 수 있도록 디딤돌 역할을 해주는 것이다. 용의 전사로 낙점된 포는 사부로부터 징표인 용의 두루마리를 받는다. 떨리는 손으로 열어본 용의 두루마리에는 아무것도 적혀 있지 않았다. 그저 자신의 얼굴만 비치는 비단 두루마리일 뿐이었다. 비법이 없다는 것에 실망한 포가 자신도 마을사람들과 같이 피난을 떠나려 할 때 포의 아버지가 말한다. "비밀은 없어, 특별하다고 믿으면 특별해지는 거야"라는 말을 듣고 놀라는 포. 다시 용의 두루마리를 펼치고 아무 글자도 없는 비단에 자신의 얼굴이 보인다. 깨달음을 얻은 포는 다시 돌아가 타이렁과 싸우게 된다. 영화는 비법이 없다고 말한다. 비법은 결국 자기 자신이라는 뜻이다. 리더십은 나를 받아들이고 노력하는 과정 속에서 드러나는 가장 자기다워지는 과정이다. 리더십의 근본은 자기다움이다. 포는 무적 5인방의 쿵푸를 그대로 따라 하지 않고 자신만의 장점을 살려 포만의 쿵푸를 개발한다. 남을 흉내 내는 리더십은 금방 허점을 드러낸다. 뚱보팬더 포가 자신만의 쿵푸를 개발하여 진정한 용의 전사로 거듭난 것처럼, 새로운 시대 리더로 성장하는 빠른 지름길은 자신만의 강점을 활용하여 자기만의 리더십을 개발하는 것이다. 자신만의 강점 리더십을 갖춘 리더는 변화 속에서도 빠르게 적응하며 대응할 수 있다.

특별한 국물 맛의 비법은 없어. 그런 건 없어.

그냥 특별하다고 믿으면 특별해지는 거야.

좋은 리더가 되는 비법은 결국 자기 자신이다.

극한의 위기를 극복하는 생존의 비밀
영화 〈마션〉

우주에선 뜻대로 되는 게 아무것도 없어.

어느 순간 모든 게 틀어지고 '이젠 끝이구나' 하는 순간이 올

거야.

'이렇게 끝나는 구나.'

무작정 시도해 보는 거지.

　　　　　　　　　영화 〈마션The Martian〉은 동명 베스트셀
러 원작 소설을 영화로 만든 작품으로 화성판 〈라이언 일병 구
하기〉이다. NASA 아레스 3탐사대는 화성을 탐사하던 중 모래
폭풍을 만난다. 팀원 마크는 모래폭풍에 부상을 입고, 팀원들
은 마크가 사망했다고 판단하고 화성을 떠난다. 팀원들의 판단
과 달리 마크는 살아 있었다. 극적으로 살아남은 마크는 포기
하지 않는다. 화성에서 살아남기 위해 홀로 고군분투하며, 남
은 식량과 기발한 재치로 홀로 남은 화성에서 살아남을 방법을
스스로 찾는다. 마크는 생존할 수 있다는 믿음으로 지구에 자
신이 살아 있음을 알리려고 노력한다. 자신이 살아 있다는 사
실을 지구에 알리게 되는 마크. NASA는 총력을 기울여 마크

를 구출하기 위해 노력하고, 아레스 3탐사대 또한 그를 구출하기 위해 그들만의 방법을 찾는다. 영화는 자신만의 생존 방법을 찾는 마크가 살아가고 있는 화성, 그를 구조하기 위해 총력을 기울이며 다양한 방법을 모색하는 NASA 본부, 그리고 위험을 불사하고 팀원을 구하기 위해 방법을 찾아나서는 아레스 3탐사대가 머무르고 있는 우주까지, 세 가지 장소를 배경으로 이야기를 전개해 나간다. 전 세계가 바라는 마크의 지구 귀환. 마크는 화성에서 어떤 방법으로 생존하며 지구까지 무사히 귀환할 수 있었을까?

영화 〈마션〉은 화성에서 홀로 남은 마크의 생존기를 보여준다. 생명체조차 살 수 없는 땅 화성에 홀로 남겨진 마크는 생존을 위해 다양한 문제를 하나씩 해결해 가며 지구에 무사히 귀환하게 된다. 화성에 홀로 남겨진 상황은 지금의 팬데믹 상황과 매우 유사하다. 아무것도 예측할 수 없는 상황에 놓여 생존을 해야 하는 리더의 상황과 일치하는 것이다. 마크가 화성에서 생존을 위해 노력한 사례는 어려운 문제를 해결하는 방향을 제시한다. 위험에 처한 상황을 역전시켜 자신이 주도하는 상황으로 만든 마크의 긍정 리더십을 만나보자.

마크는 절망의 상황에서 포기보다는 자신이 할 수 있는 일을 시도한다. 홀로 화성에 남겨진 상황에서 생존을 위해 무엇이 필요한지 판단하고 전략적으로 행동한다. 마크는 구조될 때까지 기간을 계산하여 남은 식량으로 생존할 수 있는 계획을 만든다. 죽음의 땅 화성에서 마크의 생존 계획은 무엇일까? 화성에서 감자 재배를 시도하는 것이다. 물조차 없는 죽음의 땅에서 감자 재배라니? 마크는 식물학자이다. 자신이 가장 잘할 수 있는 것을 찾아 전략적으로 행동하는 것이다. "화성은 내 식물학적 능력을 두려워하게 될 거예요"라고 말하는 마크. 마크가 감자 재배를 시도하면서 기록한 대사는 화성이라는 두려운 대상을 개선시킬 수 있는 대상으로 변화시킨다. 이것은 매우 중요한 의미이다. 생존의 주도권을 화성이 주는 두려움이 아닌 화성이 자신을 두려워하게 될 것이라는 관점으로 전환한 것이다. 마크는 즉각 행동에 옮긴다. 탐사대원의 배설물로 비료를 만들어 감자를 심는다. 감자를 키우는 데 가장 중요한 물은 수소를 활용해 만든다. 처음 물을 만드는 과정에서 폭발이 일어나 부상을 당하지만 마크는 포기하지 않는다. 결국 마크는 화성에서 초록색 감자 싹을 키우는 데 성공한다. 마크가 생존에 가장 중요한 먹거리라는 문제를 해결할 수 있었던 힘은 무엇일까? 마크는 화성에서의 일상을 매일매일 기록한다. 기록은 생존을 위한 강한 의지를 의미한다. 남은 식량의 개수를 파악하고 자신이 구출될 수 있을 날짜를 계산하여 생존을 위한 전략을 만들고 행동한다. 마크는 식물학자로서 전문지식을 활용한다. 자신의 방식으로 가장 잘할 수 있는 것을 활용해 전략을 수립하고 실패를 해도 다시 행동하여 개선한다. 물을 만드는 과정에서 폭발이 있었지만 포기하지 않고 다시 시도한다. 무엇보다 중요한 것은 죽음의 공포를 자신의 능력을 발휘할 수 있는 대상으로 전환한 것이다.

화성은 내 식물학적 능력을 두려워하게 될 거예요.

감자 재배에 성공한 마크의 지구 귀환을 위한 다음 생존 전략은 무엇일까? 과거 화성 탐사 때 활용한 통신장비 '패스파인더'를 통해 지구와 소통을 시도한다. 지구에서는 마크의 움직임을 관찰하고 마크가 지구와 통신하려는 의도를 확인한다. 패스파인더 카메라를 통해 짧은 단어로 생존 메시지를 전하던 마크는 식사 도중 떠오른 아이디어로 소통 방식을 개선한다. 카메라 회전으로만 소통하던 단순한 방식을 16진법으로 개선한 것이다. '어떻게 생존했냐'는 질문에 모래폭풍 파편에 부상을 당했고 생체장치가 파손되었다고 전한다. 마크는 "내가 죽었

다고 생각한 동료들은 잘못이 없다"라고 말한다. 화성에 홀로
남은 그가 자신을 두고 떠난 탐사대원들을 원망하기보다 현실
을 인정하고 동료들을 이해하는 것이다. 마크의 진정한 긍정은
극한의 두려움에서 생존할 수 있는 가장 강력한 무기이다.

지구와 통신에 성공한 마크에게 더 큰 어려움이 기다린다.
거주하던 우주선이 폭발하여 감자 밭을 포함한 모든 것을 잃게
된다. 구조에 필요한 시간이 없다는 것을 알게 된 NASA는 구
조 계획을 앞당기고, 마크의 생존 소식을 전해 들은 탐사대원
들은 마크를 구하기 위하여 다시 화성으로 향한다. 마크는 다
시 우주선을 수리하며 남은 감자를 다시 계산해 생존을 위해
끊임없이 노력한다. 이제 자신을 구하러 온 에르메스호와 접선
해야 하는 상황. 이 과정에서 많은 문제들이 발생하고 마크와
탐사대원들은 결단을 내려야 한다. 우주선 무게를 줄이기 위해
불필요 부분들을 과감히 버리고, 구조선과 거리가 미치지 못하
자 자신의 우주복에 구멍을 내어 아이언맨처럼 추진력을 얻기
도 한다. 마크는 위험을 줄이기 위해 전략을 세우고 위험에 처
했을 때 과감하게 도전하며 실행한다.

난 우주 해적이야.

무사히 지구로 살아 돌아온 마크는 NASA 교관으로 학생들을 지도한다. 강연에서 '어떻게 화성에서 혼자 생존할 수 있었냐'는 질문에 마크는 답변한다. "무작정 시작하는 거야. 하나의 문제를 해결하고 다음 문제를 해결하고 그다음 문제도 … 그러다 보면 살아서 돌아오게 된다." 영화 〈마션〉에서 마크는 홀로 남겨진 화성에서 두려움을 극복하고 생존하기 위한 과정을 보여준다. 마크는 자신을 화성의 개척자로 정의하며 절망적인 상황에서 특유의 긍정적인 사고방식을 발휘하여 문제들을 해결해 나간다. 마크가 홀로 화성에 남겨진 상황은 지금의 팬데믹 상황과 닮았다. 두려움으로 가득하며 모든 것이 예측이 불가능하다. 이런 상황에 리더는 위험에 대응하고, 변화에 적응하며 전략을 세우고 실행해야 한다. 위기에 살아남는 방법은 의외로 단순하다. 해결되기를 수동적으로 기다리지 않고 무작정 시도하고 그다음 문제를 해결하고, 그다음 문제를 해결하는 것이다. 결과는 예측할 수 없으며 아무도 알 수 없다. 마크가 죽음의 공간 화성에서 지구로 무사히 귀환한 것은 기적이 아니다. 마크는 생존하기 위해서 노력하고 또 노력했다. 마크 생존의 비밀은 생존하고자 하는 노력과 시도, 두려움을 자신의 장점으로 해결할 수 있는 상황으로 전환하는 긍정적 리더십이다. 영화를 보고 난 후, 우연히 도나 서머의 〈Hot Stuff〉를 듣게 된다면 매 순간이 기적과도 같았던 마크의 기적 같은 리더십을 떠올리게 될 것이다.

포기하고 죽을 게 아니라면 살려고 노력해야 하지.

그게 전부야.

무작정 시작하는 거야.

하나의 문제를 해결하고

다음 문제를 해결하고 그다음 문제도…

그러다 보면 살아서 돌아오게 된다.

좋은 리더는 빠르게 적응하고

불확실성을 향해 도전해 문제를 해결해 나간다.

자신의 이야기로 세상을 물들이다
영화 〈포레스트 검프〉

기적은 매일 일어납니다.
그런데 일부 사람들은 그렇게 생각하지 않아요.
하지만 이건 사실이죠.

낮은 지능에 허약체질인 포레스트 검프. 다리마저 불편한 그는 어릴 적부터 놀림을 받고, 여자 친구 제니는 친구들의 놀림을 피해 도망가라 외친다. 제니의 말대로 친구들의 놀림을 피하기 위해 열심히 달리던 포레스트는 달리기에 소질을 보인다. 뛰어난 달리기 재능으로 대학에서 미식축구 선수로 발탁하고, 졸업 후 군에 입대하여 베트남 전쟁에 참전한다. 포레스트는 달리기 재능으로 전우들을 구하고 그 공로로 훈장까지 받는다. 불편한 다리, 남들보다 조금 떨어지는 지능을 가진 외톨이 소년 포레스트 검프. 헌신적이고 강인한 어머니의 보살핌과 콩깍지 첫사랑 소녀 제니와의 만남으로 사회의 편견과 괴롭힘 속에서도 따뜻하고 순수한 마음을 지니고 성장한다. 장애라는 한계를 극복하고 자신만의 이야기로 세상을 감동시킨 포레스트 검프. 리더에게 영감을 주는 그의 눈부신 달리기를 만나 보자.

주인공 포레스트는 지능이 낮고 다리가 불편한 장애를 갖고 있다. 그런 그가 미식축구 선수가 되고, 베트남 전쟁에 참전하여 공로를 세우며, 새우 사업으로 많은 돈을 번다. 달리기로 미국 전역을 일주하여 사람들에게 영감을 주고, 자신의 첫사랑 제니와도 결혼한다. 무엇이 포레스트의 삶을 바꾼 것일까? 영화의 가장 핵심 메시지인 "엄마는 인생은 초콜릿 상자 같은 것이라고 했어요. 어느 것을 잡을지 모르기 때문이죠"라는 말을 포레스트는 반복한다. 포레스트는 상자 속에서 우연히 뽑아낸 초콜릿처럼 자신에게 다가온 운명을 인정하고 받아들인다. 포레스트는 자신이 신뢰하는 사람의 메시지를 있는 그대로 수용한다. 어린 시절 친구들의 돌팔매질과 놀림을 당하던 포레스트. 절대 신뢰 관계인 제니가 달리라고 외치자 그는 주저 없이 달리기 시작한다. 달리는 순간 그의 보조장치는 산산이 부서지지만 포레스트는 달리기를 멈추지 않는다. 우리는 누군가로부터 조언을 받는 태도에 대해 생각해 볼 필요가 있다. 조언을 받으면 우리는 이것저것 생각하며 자신만의 기준으로 가위질한다. 포레스트는 지능이 낮아 이해관계를 계산하지 않고 절대 신뢰 대상인 제니의 말을 믿고 실행에 옮긴 것이다. 영화에서 주인공 포레스트의 지능이 낮은 설정은 긍정적으로 수용하는 태도를 의미한다. 리더는 혼자가 아니다. 좋은 리더는 조직에 신뢰 관계를 만들고, 구성원의 메시지를 긍정적으로 수용한다.

Run, Forrest! Run!

포레스트는 달리기와 평생 함께한다. 여자 친구 제니가 "달려, 포레스트, 달려"를 외친 순간부터 꾸준히 달린다. 그의 꾸준함은 다리 보조장치를 벗게 만들고 대학에 들어가 미식축구 선수로 맹활약하게 만든다. 베트남 전쟁에서 위기에 빠진 동료와 댄 중위도 구한다. 자신의 장기인 달리기 하나만으로 포레스트는 영웅이 된다. 하지만 포레스트에게도 시련은 찾아온다. 세상에서 가장 안락한 안식처인 어머니가 세상을 떠나고, 어느 날 돌아온 제니에게 청혼을 하지만 제니도 떠난다. 제니가 떠난 후 포레스트는 무작정 달린다. 아무런 계획도 없이 그냥 달리고 싶어 하며 그저 달린다. 3년 2개월 동안 미국 전역을 달리던 포레스트에게 많은 사람들이 영감을 받고 동행을 한다. 자신만의 이야기로 포레스트가 세상을 물들이는 기적을 보게 된다. 포레스트의 이야기가 우리에게 깊은 울림을 전달되는 이유는 무엇일까? 존재 자체만으로 영감을 주는 리더가 있다. 포레스트는 그의 삶의 순간순간에 있는 그대로 몰입한다. 포레스트는 지능이 낮지만 주변의 시선을 의식하기보다 자신의 장점에 집중하며 행동한다. 사랑하는 어머니와 제니와의 이별을 통해 큰 아픔을 느끼지만 그는 자신의 삶의 길에 집중한다. 바보같이 자신이 할 수 있는 일에 몰입하자 주위에 그를 따르는 사람들이 생긴다. 리더는 영향력을 행사하는 사람이다. 즉, 리더십은 영향력이다. 포레스트는 일생 동안 자신에게 진실한 것만으로 많은 삶을 만났다. 그는 낮은 지능을 숨기지도 않고 있는 그대로 삶을 받아들인다. 많은 사람들이 그에게 친절하지 않았지만 포레스트는 어머니가 가르쳐 준 좋은 사람이 되고, 행복을 방해하는 일을 하지 않으며, 가능할 때마다 누군가를 돕고, 결코 꿈을 좇지 않는다. 포레스트는 자신만의 이야기로 세상을 물들인다. 자신의 이야기를 공유함으로써 다른 사람들에게 깊은 영향력을 줄 수 있는지를 확인할 수 있다. 영향력을 행사하려 애쓰지 않아도 자신의 이야기는 리더의 매력을 훨씬 더 빨리 전달할 수 있게 만든다.

인생은 초콜릿 상자와 같은 거야.
네가 무엇을 고를지 아무도 모른단다.

영감을 전하는 좋은 리더는 존재만으로 빛이 난다.

캡틴 아메리카, 그를 따를 수밖에 없는 이유
영화 〈어벤져스〉 & 마블 시네마틱 유니버스

억만장자 천재 군수업자, 초강력 무기 망치를 지닌 아스가르드의 왕자, 시간의 마법사, 헐크, 외계인, 기계인간, 심리술사 등 악당의 위협으로부터 지구를 구하기 위하여 영웅들이 모여 팀을 이룬 어벤져스가 있다. 그들은 각자의 방식과 능력으로 지구를 위기에서 구한다. 강력한 악당의 출현으로 처음으로 한데 모인 어벤져스 멤버들. 하지만 개성 강한 영웅들은 쉽사리 조화를 이루지 못했고 갈등과 반목을 거듭하다 결국 각자 흩어진다. 그사이 외계 적의 침공은 시작되고 지구는 폐허가 된다. 진정한 리더는 위기 상황에 더욱 빛을 발휘한다. 아이언맨, 토르, 헐크, 닥터 스트레인지 등 영웅들이 가득한 어벤져스에서 혼란을 수습하고 명령을 내리는 최고의 리더는 누구일까? 어벤져스 영웅들을 말 한마디로 행동하게 만드는 리더 중의 리더, 마블의 영원한 대장, 캡틴 아메리카. 그는 어떻게 슈퍼 영웅들 중 리더가 될 수 있었을까? 그를 따를 수밖에 없는 이유는 무엇일까?

'캡틴은 올바른 가치관을 가진 리더이다.' 〈퍼스트 어벤져

Captain America: The First Avenger〉에서 스티브가 캡틴이 되기 전 리더로서 자질을 미리 볼 수 있다. 보잘것없는 마른 체격에 온갖 질병은 다 거친 스티브. 청년 스티브는 캡틴 아메리카의 근육질 몸매와 이글거리는 눈빛과 거리가 멀다. 그는 군인이 되고자 몇 번이나 지원하지만 열악한 신체조건 때문에 번번이 탈락한다. 허약한 스티브를 슈퍼 솔져 프로젝트에 참여하게 만든 것은 아브라함 어스킨 박사이다. 아브라함 어스킨 박사는 스티브에게 "나치를 죽이고 싶은가?"라고 질문한다. 스티브는 "나는 아무도 죽이고 싶지 않습니다. 단지 불량배들이 싫을 뿐입니다"라고 박사에게 답한다. 생명이라는 가치는 그게 나치의 생명이라도 고귀한 것이라는 스티브의 가치관이 담겨 있는 대사이다. 아브라함 박사는 이미 약물로 다른 인물을 실험하였다. 레드 스컬이라 불리는 요한 슈미트다. 선하지 않았던 그는 전형적인 매드 사이언티스트로 세계를 지배하는 데 힘을 사용한다. 아브라함 박사는 자신의 실수를 반복하지 않기 위해 선한 스티브를 선택한다. 대다수의 인간은 힘을 갖게 되면 선은 잊어버리고, 자신을 위해 혹은 소수를 위해 그 힘을 남용한다. 하지만 스티브는 설령 자유를 억압하고 생명을 억압하는 나치일지라도 최대한 평화롭게 해결해야 한다는 가치관을 갖고 있다. 스티브의 이런 정치적 올바름은 위기상황에서 어벤져스 팀원들을 하나로 뭉치게 만드는 힘으로 작용한다.

'캡틴의 올바른 신념을 잘 상징하는 것이 캡틴의 무기이다.'
영웅들은 최첨단 슈트와 절대 힘 망치, 총, 검 등 자신만의 무기를 갖고 있다. 무기들의 공통점은 상대방을 공격하는 무기이다. 하지만 캡틴은 방패를 고른다. 방패는 수호를 상징하고, 그 가치는 보존을 의미하기도 한다. 캡틴이 자신의 무기를 방패로 선택한 것은 상대를 먼저 공격하지 않겠다는 자신의 철학을 잘 보여준다. 허약했던 스티브는 〈엔드게임Avengers: Endgame〉에서 절대적 최강 존재 타노스와 대결하는 리더로 성장한다. 타노스와 맞서 싸울 수 있었던 것은 정의와 대의를 그 무엇보다 앞세우는 캡틴의 신념 때문이었다. 공격이 아닌 방어 수단인 방패는 캡틴을 상징한다. 캡틴 아메리카의 또 다른 이름 '어벤져'는 사실 흥미로운 단어 선택이다. 캡틴 아메리카는 바로 퍼스트 어벤져라는 이름으로 세상에 나왔는데 어벤져는 한국어로 직역하면, '복수하는 자'라는 뜻이다. 사실, '반격하는 자'라고 표현해야 더 잘 어울린다. 반격은 선제공격에 대한 방어를 의미한다. 스티브는 마치 오딘이 토르의 자격을 묠니르에 새겼듯, 캡틴 아메리카의 자격을 방패에 불어넣은 것이다. 그렇게 '어벤져스 어셈블'을 외칠 수 있는 캡틴의 정신은 방패를 통해, 〈엔드게임〉을 통해 후대를 맞이할 준비를 끝냈다.

　나는 아무도 죽이고 싶지 않습니다.

　'캡틴은 포기를 모르는 끈기 있는 리더이다.' 휘청이는 두 다리로 가쁜 숨을 몰아쉬고, 제대로 서 있기조차 힘겨워 보이는데 천근만근 두 팔을 턱 앞으로 당기며 말한다. "하루 종일도 할 수 있어." 그는 시선조차 흔들리지 않는다. 영화 〈시빌 워 Captain America: Civil War〉에서 캡틴은 친구 버키(윈터 솔져)를 구하기 위해 아이언맨과 싸우며 처참히 당하지만 다시 일어선다. 그 시선 끝에 선 아이언맨이 '마지막 경고'라고 한 데 대해 내놓은 답은 단호했다. 아이언맨 토니는 캡틴의 두려움 모르는 끈기에 절망감을 느끼고, 마지막까지 힘을 내 싸우는 캡틴의 모습에서 이미 승패는 결정되었다. 캡틴의 포기를 모르는 끈기는 슈퍼 솔져, 캡틴 아메리카가 되기 전부터 보여준다. 캡틴이 아닌 스티브였던 시절 극장에서 제2차 세계대전 뉴스가 나오자 떠드는 사람에게 "애국심도 없느냐? 좀. 닥쳐"라고 말한다. 상대는 화가 나서 일어나는데 엄청난 힘을 지닌 듯한 건장한 사내이다. 뒷골목으로 끌려한 스티브는 연신 두들겨 맞으면서도 결코 포기하지 않는다. 상대를 노려보고 주먹을 꽉 쥔 채로 다시 일어서며 말한다. "하루 종일도 할 수 있어." 스티브는 왜 포기하지 않을까? 자신이 약하다고 뒤로 물러서면 계속 뒤로 도망가야 하기 때문이다. 열악한 상황에서도 절대 포기하지 않는 끈기는 캡틴을 리더로서 존경할 수밖에 없게 하는 이유이다.

I can do this all day.
(하루 종일도 할 수 있어.)

'캡틴은 본질을 명확하게 보는 영리한 리더이다.' 연합군 훈련소 구보 코스에 중간 지점을 알리는 깃발이 있다. 교관은 깃발을 가져오면 차를 타고 돌아갈 수 있다고 병사들에게 말한다. 하지만 17년 동안 깃발을 가져온 사람은 아무도 없었다. 병사들이 깃발을 획득하기 위해 너도나도 매달려 보지만 누구도 깃발에 손조차 대지 못한다. 그때 등장하는 약골 스티브. 명령은 깃발을 가져오는 것이었고, 그는 기둥을 쓰러트려 영리하게 깃발만 가지고 온다. 캡틴은 문제의 본질을 꿰뚫어 본다. 영리한 리더는 조직과 구성원의 위험과 손실을 최소화하여 목적을 달성한다.

'캡틴은 강건한 신념과 희생정신으로 무장한 리더이다.' 필립스 대령은 슈퍼 솔저로 강인한 육체를 가진 호지를 지지하지만, 아브라함 박사는 착한 심성을 가진 스티브를 적임자로 생각한다. 필립스 대령은 '전쟁은 배짱으로 이기는 것'이라며 훈련 중인 병사들 사이로 수류탄을 던진다. 모든 병사들이 허둥지둥 도망치는 사이 스티브는 모두를 살리기 위해 일말의 망설임도 없이 온몸으로 수류탄을 막아내려 한다. 다행히 수류탄은 가짜였지만 스티브의 희생정신은 진짜였다. 올바른 성품을 바탕으로 한 캡틴의 이러한 희생정신은 슈퍼 솔저가 되고 난 이후에도 결정적인 면모를 드러낸다. 〈퍼스트 어벤져〉의 종반전에서는 레드 스컬의 음모를 막고자 자신이 직접 초대형 폭격기인 발키리를 바다 위로 추락시켜 미국 동부 지역 전체를 구원함으로써 제2차 세계대전의 전승에 결정적 공헌을 한다. 하지만 스티브는 사람들의 목숨을 구하기 위해 자신의 사랑인 페기와 마지막 작별인사를 한다.

페기, 춤은 나중에 춰야겠어요.

'캡틴은 자유를 추구하며 책임지는 리더이다.' 〈시빌 워〉에서 소코비아 사태 이후 뉴 어벤져스를 이끌게 된 캡틴 아메리카. 또 다른 사건을 수습하러 뉴 어벤져스 팀이 왔지만 민간인들이 큰 피해를 받게 된다. 히어로들이 함부로 날뛰면 안 된다는 여론이 형성되어 어벤져스는 UN의 산하 기구로 들어가야 한다는 법안이 제출된다. 이 법안에 반대하는 캡틴 아메리카와 찬성하는 아이언맨이 대립하고, 그 갈등은 영웅들 사이의 내전으로 이어진다. 캡틴의 무기 방패에는 별이 새겨져 있고 캡틴은 별의 수호자 역할을 수행한다. 미국 성조기에서 별은 생명과 재산과 자유에 대한 권리를 상징한다. 캡틴은 국가에 충성하는 군인이 아니라, 국가가 자연권을 수호하기에 그 국가를 위해서 헌신했을 뿐이었다. 실제로 캡틴은 인간의 권리를 보호하고, 외부로부터 침해를 막기 위해서 노력한다. 하지만 실드가 적 하이드라였음을 깨닫고 자신이 직접 실드를 몰락시킨다. 캡틴은 실드를 위하는 사람이 아니라, 사람들의 자유 권리를 보호하고 책임지는 리더이었다.

우리가 완벽하지 않은 건 알지만,
아직 가장 안전한 길은 우리 자신의 손에 달려 있어.

'캡틴은 정직한 신념의 리더이다.' 정직한 신념은 적폐와 타협하지 않는다. 반세기 동안 지구를 지켜왔던 실드가 하이드라에 잠식당했다는 사실을 알게 된 캡틴은 일말의 망설임도 없이 실드의 해체를 주장한다. 실드의 수장 닉 퓨리는 이에 반발했지만, 캡틴은 실드의 치부를 숨기지 않고 자신의 어려움을 조직 구성원들에게 솔직하게 드러낸다. 그리고 반드시 지켜야 할 가치가 무엇인지 분명하게 제시한다. 그의 말에 감동받은 실드의 요원들은 목숨이 위협받는 상황에서도 굴복하지 않고 자신이 해야 할 일을 한다. 닉 퓨리는 팀원들이 캡틴에게 동조하는 것을 보며 그를 인정할 수밖에 없었다. 캡틴이 일개 병사를 넘어 진정한 캡틴이 되는 자격을 여실히 보여준다.

우리는 재앙의 원인과 결과가 될 수 있는 거야.

'캡틴은 약속을 지키는 신뢰의 리더이다.' 캡틴의 오랜 친구 버키. 그는 사고로 악당이 되고 UN은 윈터 솔져 버키를 제거하려 하지만 캡틴은 끝까지 버키를 믿는다. 윈터 솔져와의 몇 번의 대결에서 캡틴은 버키를 포기하지 않고 지속적으로 설득한다. 비록 그로 인해 수배자가 되고 아이언맨 토니와 사이가 멀어지기도 했지만, 캡틴은 어떤 친구도 해치지 않는다. 〈시빌워〉에서 캡틴 v 아이언맨 v 윈터 솔져의 결투 장면은 명장면이다. 아이언맨의 파워에 상대가 되지 못한 캡틴은 불굴의 의지로 일어난다. 아이언맨 토니는 마지막 경고를 보내지만 버키를 지키기 위한 캡틴의 의지를 막을 수 없고 결국 캡틴은 아이언맨을 제압하고 버키를 지킨다. 버키와 떠나는 캡틴에게 토니는 "넌 그 방패를 가져선 안 돼. 넌 가질 자격 없어. 그 방패는 내 아버지가 만든 거야"라고 말하고, 캡틴은 주저 없이 방패를 버린다. 캡틴은 친구를 반드시 지켜내는 사람이었고, 결국 윈터 솔져는 캡틴의 믿음에 친구 버키로 다시 돌아온다.

우린 끝까지 함께 갈 거야.

왜 캡틴이 진정한 리더인가

'캡틴은 위기에 강한 진정한 리더이다.'

개성이 강하고 자신들밖에 모르는 어벤져스 멤버들의 리더가 되는 것은 어려운 일이다. 위기에 모인 어벤져스 멤버들은 쉽사리 조화를 이루지 못하고 갈등과 반목을 거듭하다 결국 각자 흩어진다. 그사이 적의 침공은 시작되었고 지구는 폐허가 된다. 진정한 리더는 위기의 상황에 더욱 빛난다. 어벤져스에는 세계 최대 군수기업 CEO와 아스가르드의 왕자, 강력한 힘을 지닌 헐크가 있었지만 혼란을 수습하고 명령을 내린 영웅은 결국 캡틴 아메리카였다. 각 영웅들의 능력에 따라 적합한 역할을 부여하며 전쟁을 승리로 이끈다. 왜 어벤져스 멤버들은 캡틴의 명령에 따랐을까? 캡틴의 존재야말로 어벤져스에 정당성을 부여하기 때문이다. 캡틴이 없는 어벤져스는 가치가 없는 초인들과 마찬가지이다. 캡틴은 어벤져스의 가치를 상징한다. 영웅들은 무엇을 위해서 존재하는가? 영웅들이 지켜야 하는 것은 무엇인가? 영웅들은 무엇을 따라야 하는가? 방황하는 영웅들에게 다시 한 번 방향성을 제시해주는 영웅이 바로 캡틴 아메리카이다. 위기가 닥쳤을 때 침착한 카리스마를 보여준 캡틴 아메리카. 마블의 영원한 대장이라고 불릴 만하다.

"한 사람의 천재가 10만 명을 먹여 살린다." 이건희 삼성그룹 회장이 1995년 외친 '천재경영론'이다. 애플의 스티브 잡스, 아마존의 제프 베조스, 테슬라의 일론 머스크, 페이스북의 마크 저커버그, 스타벅스의 하워드 슐츠 등 천재 한 사람이 위대한 기업을 이끌었다고 해도 과언이 아니다. 그러나 한 사람의 천재 리더의 능력으로 위대한 기업을 만들었다는 것은 과장이다. 지금은 과거처럼 리더 혼자서 조직을 이끌 수 없다. 현재 조직이나 사회에는 능력 있는 어벤져스급 인재들이 많다. 그들은 전문성으로 무장했으며 다양한 경험으로 조직 성공에 기여한다. 뛰어난 인재가 많을수록 그 에너지를 하나로 만들어 시너지를 만들 수 있는 리더가 더욱 필요한 시점이다. 이제 조직의 리더는 능력이 뛰어난 어벤져스 인재와 집단지성을 조화롭게 지휘하여 하나로 규합하고, 최상의 앙상블을 만드는 것이 그 역할이다.

Avengers, assemble!

진정한 리더는 흩어져 있는 힘을 하나로 규합한다.

새로운 시대,
리더의 항해

　　포스트 코로나, 우리는 무엇을 준비할 것인가? 새로운 시대에 전례 없는 변화를 겪으며 리더는 미래의 희망을 찾아야 한다. 세계적 역사학자 유발 하라리 교수는 "폭풍은 지나갈 것이고 인류는 살아남을 테지만 그러나 우리는 다른 세상에 살 것이다"라고 했다. 유럽에서는 14세기 흑사병을 정점으로 팬더믹이 소멸되었고, 유럽은 흑사병 이후 사회 전반에서 급격한 변화가 진행됐다. 흑사병은 인류의 파괴자였으나 새로운 문명으로 진화하는 개척의 활로를 선물해 주었다. 전 세계는 불확실성을 뛰어넘어 초불확실성 시대를 맞이하고 있다. 코로나 팬더믹이 신세계로 가는 문을 연 것이다. 누구는 두려움을 말하고 어느 누군가는 새로운 희망을 이야기한다. 흑사병 이후 새로운 세계가 열리고 희망이 찾아왔듯이 이 위기를 극복하는 조직과 리더에게는 희망의 신세계가 열릴 것이다. 변화는 시작되었고 키는 우리에게 던져졌다. 이제 리더는 선택을 해야 한다. 새로운 항해가 당신을 기다리고 있다.

오케스트라가 만들어 낼 수 있는 소리에는 실상 한계가 없습니다.

저를 정말로 매료시키는 건 바로 이겁니다.

— 지휘자 겸 첼리스트 장한나

리더십 人사이트

리더의 차이를 만드는 것은 직책이 아니라 사람이다.

리더십은 결국 人사이트다.

Leadership

에필로그

_ 영화, 당신의 삶을 바꿔 놓을
이야기들

단순히 재미로만 보던 영화가 어느 날 다르게 다가온 사건이 있었다. 나는 몇 년 전 1년 휴직을 한 적이 있었다. 오랜 사회생활에 지쳐 있던 나에게 딸아이를 재우고 아내와 영화를 보며 마시는 맥주는 지금까지 누려보지 못한 호화로운 여행이었다. 어느 날 영화가 끝나는 순간 아내가 나에게 질문을 했다.

"당신은 어떤 느낌이 들었어?"

질문을 받는 순간 잠시 멍했다. 그동안 영화를 보면 '재밌다', '재미없다' 두 가지로 평을 나누었다. 그랬던 나에게 영화에 대한 느낌을 묻고 아내는 영화를 본 후 자신이 받은 느낌을 전해주었다. 한 번도 영화를 보고 영화에 대한 느낌을 스스로 정리한 적도 없고 남들과 나눈 적도 없었다. 재밌는 영화를 봤을 경우 지인들에게 '그 영화 재밌어요'라고 추천했을 뿐이었다. 단지 오락으로만 영화를 마주했던 것이다. 아내의 질문 이후 우리는 영화 감상 후 자연스럽게 영화에서 받은 느낌을 서로 나누는 수다를 시작했다.

당신의 인생 영화는
무엇입니까

휴직기간 중 멘토께서 영화 〈이터널 선
샤인Eternal Sunshine Of The Spotless Mind〉을 추천해 주었다. 그리고 부
부가 함께 꼭 보라는 당부도 해주었다. 뮤직비디오 감독 출신
의 독특한 이력을 갖고 있는 미셸 공드리 감독의 〈이터널 선샤
인〉은 꽤나 흥행한 영화였지만 우리 부부는 영화를 보지 않았
었다. 멘토님의 추천으로 나는 아내에게 영화를 함께 보자고
제안했고 우리 부부는 그렇게 〈이터널 선샤인〉과 첫 만남을 갖
게 되었다. 특별한 목적으로 영화를 보게 되자 나에게는 놀라
운 경험이 생기게 되었다. 영화 속 조엘이 마치 나 자신처럼 느
껴졌다. 나의 깊은 내면에 자아는 무엇인지 그리고 지금 나와
함께 살고 있는 아내를 어떤 시선으로 바라보고 있는지 … 많
은 생각들이 혼란스럽게 다가왔으며 그 혼란은 금세 정리되지
않았다. 하지만 분명한 건 그 사건 이후로 영화를 통해 바라보
는 세상이 달라졌다. 우리 부부는 영화를 보며 서로의 생각과
느낌을 나누었다. 같은 영화를 보고 서로 다른 느낌을 갖는 것
에 신기해하며 늦은 새벽까지 우리 부부는 수다를 이어갔다.

나에게 인생 영화를 묻는다면 〈이터널 선샤인〉이라고 말할 것이다. 그날의 특별한 첫 경험을 절대 잊을 수 없기 때문이다.

새로운 시선으로 영화와 마주한 이후 영화를 볼 때 감독이 전하고자 하는 메시지를 생각하면서 영화를 감상하기 시작했다. 특별한 장면과 대사에 시선이 멈춰 오래도록 잔상으로 남는 경우가 있다. 영화의 매력에 빠지면서 영화를 인문학적으로 해석하기 위해 좀 더 공부하고 모임을 통해 사람들과 서로 느낀 점을 사유하고 있다. 영화를 주제로 생각을 나누다 보면 사람마다 서로 다른 장면과 대사에서 감동을 받거나 재밌게 느끼는 부분이 다양함을 알 수 있다. 영화의 매력은 다양한 사람들을 통해 새로운 시선으로 영화와 마주하게 한다.

영화는 감독의 손을 떠나는 순간 관객의 것이다.

영화,
당신의 삶을 바꿔 놓을 이야기들

〈어벤져스〉, 〈보헤미안 랩소디〉, 〈죽은 시인의 사회〉, 〈마션〉, 〈쿵푸 팬더〉, 〈위대한 쇼맨〉 등 영화가 갖고 있는 진짜 힘은 무엇일까? 영화는 사실을 기반으로 각색된 이야기도 있지만 상상의 이야기다. 상상의 이야기에 가슴이 두근거리며 감정이 이입되는 이유는 무엇일까? 이야기에 영혼을 불어넣는 진짜 마법은 어디에서 오는 것일까?

영화는 이야기를 통해 사람의 감정을 더 몰입할 수 있으며, 내가 영화 속 주인공이 되는 이입 효과를 가질 수 있다. 이렇듯 영화는 관객(나)과 끊임없는 스토리텔링으로 이어진다. 스토리텔링은 사람과 의사소통하고 가르치고 설득하는 아주 오래된 인간의 방법이다. 사람과 사람을 연결하고 사회적 공감대를 형성하는 가장 효과적인 무기는 바로 스토리텔링이다.

전문적인 영역이며 어렵게 느껴지는 리더십을 보다 쉽게 접근하여 영감을 줄 수 있는 도구가 영화에 있다고 생각했다.

코로나 팬더믹으로 세상이 변했다. 데이트와 여가를 즐기기 위해 영화관에 가서 영화를 보던 시대가 언택트로 인해 방구석으로 자리를 옮겼다. 언택트는 단절이 아닌 새로운 연결이다. 지금껏 영화를 레저로 즐겼다면 이제 영화는 방구석에서 나를 인도하는 멘토가 될 것이다. 자신이 좋아하는 영화를 집중해서 보고 온전히 내 것으로 만들 수 있는 배움의 길이 새롭게 열린 것이다.

리더의 어원은 '여행하다'라는 뜻이다. 여행에서의 안내자가 리더인 것이다. 리더십은 긴 여정과 같다. 『언택트 리더십 상영관』은 길고 긴 리더의 여정에서 나는 어떤 리더인지 생각해볼 수 있는 동반자가 되어 줄 것이다. 가족의 리더인 저에게 출간할 수 있도록 변함없는 지지와 응원을 보내주는 사랑하는 아내와 귀엽게 응원해주는 사랑하는 딸 이영이, 그리고 하늘에서 늘 지켜봐 주시고 기도해주시는 그리운 어머니께 감사드립니다.

그럼 영화와 함께 즐겁고 의미 있는 리더십 여행이 되길 바란다.

언택트
리더십
상영관

초판 1쇄 발행 2020년 8월 31일

지은이 한명훈
발행처 예미
발행인 박진희, 황부현

출판등록 2018년 5월 10일(제2018-000084호)

주소 경기도 고양시 일산서구 중앙로 1568 하성프라자 601호
전화 031)917-7279 　　**팩스** 031)918-3088
전자우편 yemmibooks@naver.com

ISBN 979-11-89877-34-7　03190

이 도서의 국립중앙도서관 출판예정도서목록(CIP)은 서지정보유통지원시스템 홈페이지
(http://seoji.nl.go.kr)와 국가자료공동목록시스템(http://www.nl.go.kr/kolisnet)에서
이용하실 수 있습니다. (CIP제어번호 : CIP2020034321)